Heide Straub
Ludovica Brachinger-Franke

Gruppenprozesse
in die Hand nehmen

Ein Arbeitsbuch für Prozessberater,
Moderatoren und Trainer

Herausgeber:
© ComTeam AG · Kurstr. 2 – 8 · 83703 Gmund am Tegernsee
1. Auflage 2001
ISBN 3-00-007744-8
Alle Rechte vorbehalten, auch die der Übersetzung, des Nachdrucks und der Vervielfältigung des Buches oder von Teilen daraus. Kein Teil des Werkes darf ohne schriftliche Genehmigung des Verlages in irgendeiner Form, auch nicht zum Zwecke der Unterrichtsgestaltung, reproduziert oder unter Verwendung elektronischer Systeme verarbeitet, vervielfältigt oder verbreitet werden.
Titelentwurf: Helmut Pokorny, München
Redaktion: L. Brachinger-Franke, Unterhaching
Druck: Isarwinkler Werkstätten gem. GmbH, Bad Tölz

unter Mitarbeit von
Dagmar Gottschall und Michael Roehrig

Vorwort

Seit nunmehr 30 Jahren kennen und nutzen wir Methoden der Moderation, um Menschen zusammenzubringen, zu beteiligen, Probleme zu lösen oder Visionen zu entwickeln.

Die Zeiten, die Menschen und deren Arbeitsbedingungen haben sich verändert. Die Menschen sind geübter geworden beim Arbeiten in Teams, es ist selbstverständlich geworden in Gruppen zu arbeiten. Die Vorgehensweisen in der Moderation folgten dieser Entwicklung und wurden immer wieder an die Menschen und Situationen angepasst.

Heute sprechen wir von Prozessmanagement und erweitern den Blick, über die zu bearbeitenden Themen und die Menschen hinaus, auf das Umfeld, das System, in welches die Lösungen einzubetten sind. Die Frage für den Prozessmanager lautet: „Wie schaffen wir es, Lösungen zu entwickeln, die von den Betroffenen akzeptiert und getragen werden, und wie integrieren wir diese Lösungen in die Strategie und Kultur des Unternehmens?"

In Zeiten immer stärkerer Vernetzung und komplexer Veränderungsprozesse ist und bleibt das Managen von Gruppenprozessen ein wesentlicher Erfolgsfaktor.

Die konkreten Methoden ändern sich im Laufe der Zeit, das Prinzip dahinter bleibt jedoch gleich: Menschen beteiligen, Kommunikation und Diskussionen offen führen, Hintergründe und Beweggründe besprechbar machen.

So dient das Prozessmanagement dazu, eine Arbeitskultur schaffen, die einen menschlichen und effektiven Umgang mit Unterschieden, Entscheidungen, Konflikten und Führung ermöglicht.

Wozu dieses Buch dienen soll

Dieses Buch möchte Ihnen ein Handbuch sein für das Managen von Gruppenprozessen. Es geht um Gruppen, Prozesse und darum, diese Prozesse in die Hand zu nehmen.

Mit den Prinzipien und Methoden, die dieses Buch vermittelt, können Sie mit Gruppen bis ca. 20 Personen gut arbeiten.

Als Prozess bezeichnen wir den Weg, den eine Gruppe zurücklegt, vom ersten Zusammenkommen und miteinander arbeitsfähig werden bis zur Vereinbarung von konkreten Aktivitäten und dem gemeinsamen Abschluss einer Veranstaltung.

Einen solchen Gruppenprozess zu leiten, „in die Hand zu nehmen", dafür will dieses Buch Ihnen eine Praxishilfe sein. Wir alle kennen Aufträge von der Sorte „Machen Sie mal!". Da ist eine Gruppe und ein Thema, und dann? Was man ganz konkret tun kann, um eine Gruppe zu einem Ergebnis zu führen, das beschreiben wir in diesem Buch.

Neben einer Vielzahl von Beispielabläufen aus unserer Beraterpraxis, die Sie als Fundus für die Planung eigener Prozesse nutzen können, finden Sie hilfreiches Handwerkszeug und eine genaue Beschreibung erprobter und bewährter Methoden.

Das Ganze ist eingebunden in einen konzeptionellen Rahmen, der es ermöglicht, die Prinzipien des Prozessmanagements auch in anderen Kontexten und mit anderen Mitteln einzusetzen.

Wie dieses Buch aufgebaut ist

Prozessmanager sind vergleichbar mit Pfadfindern, die für eine Gruppe einen Weg durch einen vieldimensionalen Raum hindurch suchen.

Im ersten Kapitel beschreiben wir diesen Raum, in dem Prozesse gestaltet werden, und stellen den „Pfadfinder", nämlich den Prozessmanager vor, mit seinen Aufgaben, seiner Rolle und der dafür hilfreichen Haltung.

Die „Funktionen im Prozess", die im zweiten Kapitel behandelt werden, helfen uns, den Raum überschaubar zu halten. So muss sich der Prozessmanager immer wie der Frage stellen, wofür er als nächstes sorgen muss und welche Funktion er erfüllen muss.

Das dritte Kapitel liefert grundlegendes Rüstzeug für den Prozessmanager, ohne das er sich nicht auf den Weg begeben sollte. Visualisieren und hilfreiche Fragen stellen sind das A und O beim Prozesse managen.

Die Frage- und Antwortmethoden für Gruppen, die wir in Kapitel 4 vorstellen, sind vielfach erprobt und bewährt. Dies sind die Instrumente, mit deren Hilfe wir uns durch den Raum bewegen und ihn erkunden können.

Im fünften Kapitel, „Vorbereitung eines Prozesses" stellen wir dar, was geschehen muss, bevor wir den Raum betreten. Sie finden sozusagen einen Routenplaner für Ihren Weg mit der Gruppe.

Viele der Wege, die wir gegangen sind, haben wir selbst aufgezeichnet, haben "Landkarten" erstellt, die anschauliche Beispiele dafür geben, wie man sich erfolgreich durch den Raum hindurchfinden kann. Diese Sammlung von Beispielprozessen aus unserer Beraterpraxis finden Sie in Kapitel 6.

Das siebte Kapitel liefert praktische Tipps zum Setting und zur Dokumentation einer Veranstaltung – wie Sie also die Reisegruppe organisieren können, welches Gepäck Sie mitnehmen müssen, und was Sie tun können, um die Erfahrungen der Tour bei den Mitgliedern präsent zu halten.

Einen Ausblick auf die Zukunft des Prozessmanagements wagen wir in Kapitel 8. Zum besseren Verständnis erläutern wir am Ende in einem Glossar unser unvermeidliches Fachkauderwelsch und geben Literaturhinweise auf Bücher, die uns geholfen haben und die auch Ihnen weitere Anregungen geben können.

Das ist alles, was wir für Sie tun können. Alles weitere können und müssen Sie selbst tun: die Neugierde auf die Prozesse entwickeln, die Freude an der Arbeit mit Menschen entdecken und sich für die Überraschungen öffnen, die Ihnen auf dem Weg begegnen werden.

Inhaltsverzeichnis

Vorwort..5
Wozu dieses Buch dienen soll...5
Wie dieses Buch aufgebaut ist..6
1 Zum Prozessmanagement...11
   1.1 Was ist ein Prozess?..13
   1.2 Was ist Prozessmanagement?..13
   1.3 Die Rolle des Prozessmanagers...14
   1.4 Die Haltung des Prozessmanagers..16
2 Funktionen im Prozess..17
   2.1 Funktion: Themenübersicht herstellen....................................21
   2.2 Funktion: Bearbeitung organisieren...22
   2.3 Funktion: Einschätzungen transparent machen.....................23
3 Grundhandwerkszeug des Prozessmanagers....................................25
   3.1 Visualisierung...27
   3.2 Fragen im Prozessmanagement..32
4 Frage- und Antwortmethoden für Gruppen.....................................39
   4.1 Themenübersicht herstellen...41
      4.1.1 Kartenfrage..41
      4.1.2 Zuruf-Frage..45
      4.1.3 Sammelszenario..46
      4.1.4 Themenspeicher..48
      4.1.5 Die Tagesordnung...50
   4.2 Bearbeitung organisieren..52
      4.2.1 Bearbeitungsszenario...53
      4.2.2 Mitvisualisieren...55
      4.2.3 Tätigkeitskatalog/Maßnahmenkatalog.........................57
   4.3 Einschätzungen transparent machen......................................62
      4.3.1 Ein-Punkt-Frage..62
      4.3.2 Mehr-Punkt-Frage..64
      4.3.3 Vernetzen...66
      4.3.4 Blitzlicht...69
      4.3.5 Kreisgespräch..71
      4.3.6 Standpunkt beziehen...72
   4.4 Kreative Alternativen...73
      4.4.1 Collagen..74
      4.4.2 Bild malen..75
      4.4.3 Improvisationstheater..76
      4.4.4 Symbole, verbunden mit Blitzlicht................................77
      4.4.5 Fotos, Bilder...77

	4.4.6 ABC Spiel	78
	4.4.7 Memory	79
	4.4.8 Angler-Spiel	79
5	Vorbereitung eines Prozesses	81
5.1	Den Auftrag klären	83
5.2	Phasen im Prozess	85
5.3	Planung einer Veranstaltung	91
6	Beispiele für Prozessabläufe	93
6.1	Zusammenarbeit im Team	97
	6.1.1 Teamentwicklung	97
	6.1.2 Konfliktbearbeitung	105
	6.1.3 Klärung von Rollen und Zuständigkeiten	113
	6.1.4 Wöchentliche Teamsitzung	123
	6.1.5 Abschiedsveranstaltung für einen Geschäftsführer	127
	6.1.6 Standortbestimmung nach einer Fusion	132
6.2	Zusammenarbeit von Teams	138
	6.2.1 Zusammenarbeit zwischen internen und externen Partnern	138
	6.2.2 Kundentag	145
	6.2.3 Führungskräfte und Betriebsrat	151
6.3	Reflexion	158
	6.3.1 Neue Organisationsstruktur	158
	6.3.2 Veränderung der Kultur	171
6.4	Präsentation mit Diskussion	180
	6.4.1 Stand der Teilprojekte	180
	6.4.2 Auswirkung der Globalisierung	186
6.5	Konzeptarbeit	191
	6.5.1 Zukunftsworkshop	191
	6.5.2 Entwickeln eines Unternehmensleitbildes	201
	6.5.3 Lernbedarfsermittlung	210
	6.5.4 Erstellen eines Patientenkonzepts	217
7	Setting und Dokumentation	225
7.1	Plenum und Kleingruppen	227
7.2	Welcher Arbeitsraum ist notwendig?	230
7.3	Welches Material wird benötigt?	231
7.4	Wie werden Ergebnisse dokumentiert?	233
8	Ausblick	237
Glossar		239
Literatur		245
Die Autorinnen		248
Dank		249

Kapitel 1
Zum Prozessmanagement

1 Zum Prozessmanagement

1.1 Was ist ein Prozess?

Ein Prozess ist ein Vorgang, eine Entwicklung, ein Weg. Wenn man etwas als Prozess beschreibt, beschreibt man einen Weg der zurückgelegt wird, um eine veränderte Situation zu erreichen. Der Prozess ist also der Weg von einer Ausgangslage zu einer neuen Wirklichkeit.

Eine zweistündige Besprechung ist ebenso ein Prozess, wie ein dreitägiger Workshop oder eine große Organisationsveränderung. Bei all diesen Prozessen geht es darum, dass Menschen gemeinsam etwas verändern: ein Problem lösen, ein Thema bearbeiten, eine neue Strategie planen, eine Reorganisation durchführen, usw.

Dabei bestehen größere, umfangreichere Prozesse in der Regel aus mehreren Teilprozessen, die miteinander vernetzt sind. Der Gesamtprozess der Weiterbildung einer Abteilung könnte beispielsweise aus einem Workshop zur Bedarfsklärung, einer Suche nach geeigneten Trainern, einem Vorgespräch, einer Reihe von Trainingsbausteinen, einer Transfer- und einer Evaluationsphase bestehen.

Stellen Sie sich vor, Sie wollen eine Wanderung machen. Sie kann 1 Stunde dauern oder mehrere Wochen. Diese Tour ist mit einem Prozess vergleichbar.

1.2 Was ist Prozessmanagement?

Einen „Prozess managen" bedeutet, die Planung und Strukturierung eines Prozesses zu übernehmen. Dies ist die Aufgabe des Prozessmanagers. Er klärt mit dem Auftraggeber die Ausgangssituation. Er unterstützt den Auftraggeber, das Ziel zu definieren. Die Beschreibung der Ausgangslage und der Zielsetzung wird also nicht vom Prozessmanager gemacht, sondern wird in einem Auftragsklärungsgespräch mit dem Auftraggeber geklärt.

Das bedeutet nicht, dass man schon am Anfang wissen muss, was am Ende inhaltlich herauskommen soll. Stattdessen wird ein formales Ziel beschrieben, z.B. Entwickeln von Lösungen für..., Austauschen von Erfahrungen über..., Entwickeln von Vereinbarungen für...

Nun geht es in die Planung: Von wo wird die Wanderung gestartet, wer geht mit, bis wohin soll es gehen, wo wollen Sie ankommen? Welche Informationen brauchen Sie im Vorfeld? Und natürlich wozu machen Sie das Ganze?

Den Prozess zu managen heißt dann, unter Berücksichtigung verschiedener Blickwinkel die Planung und Steuerung des Prozesses zu übernehmen und diesen vorzubereiten. Der Prozessmanager hilft also bei der Frage: Wie komme ich von A nach B?

Die genaue Planung der Abläufe wird zunächst für die ersten Prozessschritte (etwa bis zum Ende der Orientierungsphase, siehe Kapitel 5) vorgenommen. Für den weiteren Verlauf ist es wichtig, konkrete weitere Entwicklungen berücksichtigen zu können. Eine prozesshafte Arbeitsweise erkennt man an dieser Offenheit der Struktur. Es können allenfalls Optionen oder Handlungsalternativen entwickelt werden, wie der Gesamtprozess verläuft, mit dem Bewusstsein, dass es ganz anders kommen kann.

Nun heißt es, sich zu überlegen, wann man startet, wie lange die ersten Etappen sein sollen, was man dabei haben sollte, um gut gerüstet zu sein. Auf der Tour wird es kleinere und größere Etappen geben. Dazwischen werden Sie eine Pause machen und bei einer längeren Tour werden Sie auch Übernachtungen einplanen. Das ist ein Prozess.

1.3 Die Rolle des Prozessmanagers

Die Teilnehmer eines Prozesses verfügen in der Regel über alle Informationen, die sie brauchen, um ein Problem zu lösen oder ein Vorhaben zu realisieren. Häufig fehlt ihnen aber das Wissen und die Erfahrung, wie sie zu diesem Ziel kommen. Sie tun sich schwer damit, effektive Bearbeitungsformen zu finden, unterschiedliche Interessenslagen zu berücksichtigen oder mittelbar Betroffene am Prozess zu beteiligen.

Während die Teilnehmer für das Was (die Inhaltsebene) einer gemeinsamen Lösungsfindung verantwortlich sind, kümmert sich der Prozessmanager um das Wie (die Prozessebene).

Er ist Experte für das Wissensmanagement und sorgt dafür, dass alle erforderlichen Fakten, Daten, Informationen, das Know-how zur Verfügung stehen. Er ist Experte für das Beteiligungsmanagement und sorgt dafür, dass die vom Thema Betroffenen angemessen beteiligt sind, dass alle die zur Lösung beitragen können, hinzugezogen werden, dass das Thema in einer angemessenen Zeit bearbeitet wird. Er ist Experte für das Implementierungsmanagement und sorgt dafür, dass der Prozess in eine Realisierung und Handlungsorientierung mündet.

Der Prozessmanager ist der Wanderführer. Er sorgt für die Ausrüstung, die entsprechenden Landkarten, kurz für alle nötigen Informationen. Bei der Gruppenzusammenstellung achtet er darauf, dass alle die mit wollen und sollen, dabei sind. Er ist in der Lage das Reise- und Wandertempo auf die Gruppe abzustimmen und er hat die Belastungsfähigkeit der einzelnen Menschen im Auge. Er plant rechtzeitig kleinere und größere Pausen ein. Und er sorgt dafür, von Anfang an, dass die Energie bis zur Ankunft reicht.

Der Prozessmanager hat keine inhaltlichen Interessen, er ist kein Lehrer, der sein Wissen vermitteln will, er ist kein Experte oder Spezialist, der das eigentlich Richtige weiß, er ist nicht der Hierarch, der eine Entscheidung „hinein" oder „heraus" moderiert. Er verhält sich allparteilich und lässt alle Meinungen gleichermaßen gelten.

Der Prozessmanager ist ein Fachmann für Fragen, Methoden und Arbeitsformen, die er den Menschen, dem Thema und dem Umfeld entsprechend auswählt und einsetzt. Er sorgt dafür, dass die Teilnehmer arbeitsfähig werden und bleiben. Er weiß einzuschätzen, welche Arbeitsformen in welchen Gruppensituationen und bei welchen Themen angemessen sind und ob er eine Gruppe alleine oder besser zu zweit leitet.

Als Spezialist für die Methoden hat er auch die Fähigkeit, den Prozess aus der Vogelperspektive zu betrachten und durch diese Metasicht zu erkennen, was im Moment geschieht. Er kann den Prozess anhalten, wenn die Situation nicht mehr effizient im Sinne des Vorankommens ist. Und er kann für die Beteiligten über die momentane Situation Transparenz herstellen. Anschließend setzt er mit der neuen Erkenntnis, wie sinnvoll weiterverfahren wird, den Prozess fort.

Der Tourenleiter sorgt dafür, dass die Gruppe losgehen kann. Unterwegs wird er immer wieder Situationen herstellen, wo die momentane Etappe oder die zurückliegende Wegstrecke reflektiert werden, Manöverkritik wird das auch genannt, oder weniger militärisch Tagesrückblick. Er zieht aus diesem Tagesrückblick die notwendigen Schlüsse und plant die nächste Etappe. Er weiß auch, wann er einen zweiten Tourenbegleiter hinzuziehen muss und bis wohin er die Tour alleine bewältigen kann.

1.4 Die Haltung des Prozessmanagers

Der Prozessmanager ist bereit, alle Meinungen, Aussagen aufzunehmen und für alle Beteiligten da zu sein. Durch Fragen aktiviert und öffnet er die Gruppe füreinander und für das Thema. Seine Wertschätzung gilt den Menschen, mit denen er arbeitet, und den Beiträgen, die sie leisten in ihrer Unterschiedlichkeit oder Ähnlichkeit.

Der Prozessmanager ist sich seiner eigenen Haltung zu Menschen und seinem Interesse am Thema bewusst. Er kennt seine eigene Verführbarkeit und Empfindlichkeit, übernimmt für sich die Verantwortung und dient damit als Modell für die Teilnehmer.

Er sorgt für Transparenz im Prozess, d.h. er erklärt die Funktion der einzelnen Prozessschritte und seiner Interventionen. Er sorgt dafür, dass alle an der Situation oder am Problem beteiligten Faktoren mit bedacht werden. Er schaut immer auch auf das Ganze, auf das System, in dem sich der Prozess abspielt.

Als Tourenbegleiter kennt er die Sonnen- und Schattenseiten seines Verhaltens und es sind ihm seine Möglichkeiten und Grenzen bewusst. Er ist Dienstleister für die Gruppe. Er kann die Wetterlage, Straßenverhältnisse und das Gelände einschätzen und für die Tour nutzen. Er nutzt alles ihm zur Verfügung stehende, um mit der Gruppe zu dem vereinbarten Ziel zu kommen.

Wenn der Prozessmanager inhaltlich und/oder organisatorisch mit der Gruppe verbunden ist und daher auch einen eigenen Standpunkt einzubringen hat, muss er jeweils sichtbar machen, wann er in der Funktion des Prozessmanagers den Prozess steuert und wann er als Teil der Gruppe seine eigene Meinung äußert.

Kapitel 2
Funktionen im Prozess

2 Funktionen im Prozess

In jedem Prozess gibt es drei Funktionen, die erfüllt werden müssen, damit ein tragfähiges Ergebnis zustande kommt. Im folgenden beschreiben wir, welche Funktionen das sind, wozu sie dienen, was damit erreicht werden kann und welche typischen Fragen dazu gehören. Es geht beim Prozesse managen nicht primär darum, welche Methoden ich einsetze, sondern darum, bestimmte Funktionen zu erfüllen.

In jedem Problemlösungsprozess einer Gruppe und auch in jeder Veranstaltung gibt es drei Funktionen:
1. Themenübersicht herstellen
2. Bearbeitung organisieren
3. Einschätzungen transparent machen

Im Laufe eines Prozesses werden letztlich immer nur diese drei Funktionen erfüllt – und zwar eine Funktion zu einer Zeit und die Funktionen nicht in einer bestimmten Reihenfolge, sondern immer gemäß der jeweiligen Situation.

Diese Funktionen hat der Prozessmanager als „Merkpunkte" im Kopf. Er stellt sich dabei Fragen wie:
Wofür muss ich jetzt etwas tun?
Was soll passieren, ermöglicht werden?
An welcher Stelle im Prozess befindet sich die Gruppe?
Wozu soll dieser (nächste) Schritt dienen?

Damit überprüft er, ob alles getan ist, um z.B. eine Themenübersicht herzustellen und ob es zum jetzigen Zeitpunkt dran ist, eine Bearbeitung zu organisieren. Genauso kann es an jeder Stelle im Prozess angemessen sein, die Einschätzungen der Teilnehmer transparent zu machen. Der Prozessmanager entscheidet, für welche Funktion er etwas tun will und wählt dann die entsprechenden Fragen und Methoden, die diese Funktion erfüllen.

Funktionen im Prozess

Themenübersicht herstellen	Informationen, Aspekte, Themen sammeln und ordnen	Themenlandschaft herstellen	Gemeinsames Problembewusstsein erzeugen
	Grenzen zu anderen Arbeitsfeldern abstecken	Meinungsvielfalt sichtbar machen	
Bearbeitung organisieren	Themen vertiefen	Ursachen und Hintergründe klären	Lösungen finden
	Vereinbarungen treffen	Verantwortlichkeit festlegen	Umsetzung planen
	Widerstände berücksichtigen, besprechbar machen	Konflikte verhandeln	
Einschätzungen transparent machen	Meinungen, Interessen Stand der Diskussion deutlich machen	Stimmungen und Befindlichkeiten sichtbar machen	Prioritäten festlegen
	Arbeitsbeziehungen offen legen	Informationen, Aspekte, Themen sammeln und ordnen	

2.1 Funktion: Themenübersicht herstellen

Bevor eine Gruppe sinnvoll an einem Thema arbeiten kann, müssen zuerst alle relevanten Aspekte, die dieses Thema beinhaltet, bekannt und verfügbar sein. Und wenn ein Team sich weiterentwickeln möchte, dann muss zuerst klar sein, um welche Themen und Aspekte der Zusammenarbeit es geht.

Themenübersicht herstellen heißt also, Probleme, Themen, Aspekte, Fragen oder Informationen zu sammeln und zu ordnen. Für den Prozessmanager geht es darum, in die Breite zu fragen, um eine Themenlandschaft zu erstellen.

Die Gruppe bekommt eine ähnliche Sicht und ein gemeinsames Bewusstsein für die Themen. Durch schriftliches Festhalten der Themen und Aspekte entsteht eine gemeinsame „Themenlandschaft". Zugleich wird der thematische Rahmen gesteckt, was zu der bearbeiteten Fragestellung gehört und was nicht. Die Meinungsvielfalt der Teilnehmer wird sichtbar und/oder eine Vielfalt von Beiträgen ermöglicht.

Es ist wie beim Herstellen eines mehrgängigen Menüs. Zunächst trägt man alle Zutaten, die entsprechenden Messer, Töpfe, das Geschirr, etc. zusammen, schafft sich Platz in der Küche und beginnt dann mit der Zubereitung des Menüs.
Man kann auch anders beginnen. Man fängt irgendwo mit irgend etwas an und stellt dann fest, dass etwas fehlt. Man geht es holen und setzt die begonnene Arbeit fort, bis wieder was fehlt, geht es holen und setzt die begonnene Arbeit fort, bis...

Wenn der Prozessmanager für die Funktion Themenübersicht herstellen sorgt, dann stellt er der Gruppe Fragen wie:
Was ist (heute) das Thema, die Frage?
Worüber wollen/müssen Sie (heute) sprechen?
Was läuft in Ihrer Arbeit gut, was läuft schlecht?
Welche Schwierigkeiten erleben Sie immer wieder in Ihrer Arbeit?
Woran müssen Sie alles denken, wenn Sie....?
Auf welche Fragen brauchen Sie Antworten (bezogen auf....)

Wenn die Themenübersicht hergestellt ist, dann kann eine sinnvolle Bearbeitung organisiert werden.

2.2 Funktion: Bearbeitung organisieren

Ausgehend von einem klar formulierten Thema ist es nun wieder die Aufgabe des Prozessmanagers, eine Bearbeitung zu organisieren. Er muss also der Gruppe Arbeitsformen anbieten, die dazu dienen, Ursachen und Hintergründe zu klären, erste Lösungsideen oder Lösungen zu finden, Bedenken, Sorgen, Ängste und Widerstände besprechbar zu machen und zu berücksichtigen. Hier geht es also darum, in die Tiefe zu fragen.

Zurück zum Essen: Die Zubereitung kann beginnen. Jetzt zeigt sich, ob alle Zutaten und Kochutensilien da sind oder ob noch etwas besorgt werden soll. Was muss zuerst gemacht werden und was kommt dann? Es wird probiert und verändert oder für gut befunden. Manches muss richtig (gar) gekocht werden, manches kalt oder kühl gestellt werden und Manches muss ruhen, bevor es weiter verarbeitet werden kann. So manches Gericht braucht nur noch ein bisschen Gewürz und dann ist es perfekt.

Ist die inhaltliche Bearbeitung so weit fortgeschritten, dass die Umsetzung angegangen werden kann, dann werden die Schritte dazu geplant. Dazu gehört auch, die Verantwortlichkeiten festzulegen und Vereinbarungen zu treffen. Der Prozessmanager sorgt so dafür, dass Verbindlichkeit entstehen kann. Er führt die Gruppe durch diese Bearbeitungsschritte mit Fragen wie z.B.:
Welche Chancen, welche Risiken gibt es?
Was genau ist das Problem?
Was spricht dafür, was dagegen?
Mit welche Widerständen müssen Sie rechnen und von wem?
Wie kann eine Veränderung bezogen auf ..... aussehen?
Welche erste Lösungsideen gibt es für Sie?
Welche Lösungen können für... konstruiert werden?
Wo sind Sie sich einig, wo gibt es noch Unterschiede?
Was können Sie tun, was müssen andere tun und wer?
Welche Konsequenzen hat .... auf ....?
Mit welchen Auswirkungen können/müssen Sie rechnen?
Wer ist davon betroffen, wer hat noch damit zu tun?
Wer übernimmt welche Aufgabe?
An wen genau geht das Ergebnis und in welcher Form?
Wie realistisch ist die Maßnahmenplanung hinsichtlich Zeit und Ressourcen?

2.3 Funktion: Einschätzungen transparent machen

Hierbei werden Meinungen, Interessen oder der Stand der Diskussion deutlich gemacht. Die Stimmungen und Befindlichkeiten der Einzelnen zu einem Thema, Ergebnis oder zu der Veranstaltung werden ausgedrückt. Es wird geklärt inwieweit die Arbeitsatmosphäre förderlich oder hinderlich ist. Es wird geprüft ob Sach- und Beziehungsebene nicht miteinander vermengt werden. Einschätzungen über Prioritäten und Zusammenhänge von Themen werden transparent gemacht.

Kurz gesagt geht es hier darum, den Hintergrund zu oder über etwas zu erhellen, zu beleuchten, zu thematisieren, was die Menschen neben den Sachthemen oder damit verbunden noch beschäftigt.

Während der Zubereitung des Essens wird überlegt und gekostet. Und nach dem Essen wird ein Fazit gezogen: so mache ich das wieder, das werde ich verändern, das hat geschmeckt, das war gut. Im Kochbuch werden Notizen vermerkt.

Am besten sind Rezepte: einfach zuzubereiten, braucht wenig Zeit und macht viel her – das gilt auch für's Prozesse managen.

Wenn der Prozessmanager Einschätzungen transparent macht, dann stellt er beispielsweise folgende Fragen:
Wie viel Prozent Ihrer Arbeitszeit verbringen Sie mit dem Thema/ Problem?
Welche Erwartungen haben Sie....?
Wenn Sie an..... denken, sind sie eher..?
Welche Hoffnungen haben Sie....?
Welche Befürchtungen haben Sie bezogen auf....?
Wie zufrieden sind Sie mit der Arbeitsatmosphäre?
Wie zufrieden sind Sie mit dem Ergebnis?

Kapitel 3
Grundhandwerkszeug des Prozessmanagers

3 Grundhandwerkszeug des Prozessmanagers

In diesem Kapitel geht es um zwei grundlegende Fertigkeiten des Prozessmanagers: die Visualisierung und das Finden hilfreicher Fragen.

Wenn der Prozessmanager dafür sorgt, dass die beschriebenen Funktionen des Prozessmanagements erfüllt werden und dabei der Gruppe gute, hilfreiche Fragen stellt und Beiträge in angemessener Form mitvisualisiert, kann er fernab jeglicher Methoden viele Gruppensituationen effektiv steuern und zu tragfähigen Ergebnissen bringen.

3.1 Visualisierung

Die Konzentration und Aufmerksamkeit in einer Gruppendiskussion wird durch die optische Darstellung von Beiträgen und Informationen erheblich gesteigert. Das gleichzeitig Gehörte und Gesehene bleibt besser im Gedächtnis haften.

Visualisieren beginnt damit, Plakate so vorzubereiten, dass die Gruppe damit arbeiten kann: Das können Fragen, Raster, Speicher, Szenarien oder Informationen sein.

Vorteile der Visualisierung für die Arbeit mit Gruppen

- Visualisierte Aussagen erleichtern eine gleiche Interpretation bei allen Teilnehmern.
- Visualisierung erhöht die Chance, die Inhalte konkreter zu diskutieren
- Sie konzentriert alle Beteiligten auf einen gemeinsamen Punkt

Die Visualisierung zwingt zu einer Selektion zwischen wesentlichen und unwesentlichen Informationen. Verbal schwirig zu erklärende Sachverhalte sind durch die optische Unterstützung leichter zu vermitteln. Sie dient zum Ausgleich unterschiedlicher Informations- und Wissensstände.

Visualisieren ermöglicht darüber hinaus, Aussagen, Kontroversen und Ergebnisse – für alle sichtbar – sofort darzustellen und festzuhalten. Dadurch entsteht ein für alle Teilnehmer sichtbares simultanes Protokoll der Veranstaltung. Diese Form des „Simultan-Visualisierens" trägt dazu bei, dass sich die Teilnehmer mit ihrem Ergebnis identifizieren. Jeder sieht seinen Beitrag, den Verlauf des Diskussionsprozess und die Entstehung der Ergebnisse.

Durch das Mitvisualisieren werden die Beiträge der Teilnehmer gleichermaßen gewürdigt, was die Motivation erhöht. Die Diskussion komplexer Themen wird leichter handhabbar und Diskussionsschleifen können vermieden werden. Es entstehen weniger „Nacharbeiten", keine unnötigen Zusammenfassungen und Mehrfach-Dokumentationen werden vermieden.

Visualisieren

wozu?

- ✹ ist eine Dienstleistung für die Gruppe
- ✹ Verlauf der Besprechung wird für alle sichtbar festgehalten
- ✹ Erinnerungswert wird erhöht
- ✹ Konzentration und Aufmerksamkeit wird gesteigert
- ✹ Unterscheidung von Wesentlichem und Unwesentlichem
- ✹ gleiche Interpretation der Inhalte bei allen Teilnehmern
- ✹ leichtere Vermittlung von Informationen

Gestaltungshilfen

Für das Mitvisualisieren auf Pinwänden oder Flipcharts eignen sich am besten Filzstifte mit Keilspitze.

Für Fließtexte sind Stifte mit 5 mm Strichbreite geeignet. Diese Stifte werden verwendet für die Beschriftung von Karten sowie für Texte auf Plakaten und Flipcharts. Auch die Teilnehmer schreiben mit diesem Stift. Eine Schriftgröße von ca. 2,5 cm Höhe ist auch aus 6 – 8 m Entfernung noch gut lesbar. Das ist der übliche Abstand, in dem die Teilnehmer einer Gruppe von maximal 20 Personen zu den Tafeln sitzen.

Für Überschriften, Raster oder Strukturen eignen sich Stifte mit 9 mm Keilspitze. Hier ist eine Schrifthöhe von ca. 5 cm angemessen.

Stifthaltung

Den kleinen Stift mit der Spitze zum Daumen halten. Dann mit der breiten Seite des Filzes schreiben und beim Schreiben nicht mehr drehen. Jeweils beim Abstrich steht so die volle Breite der Keilspitze zur Verfügung.

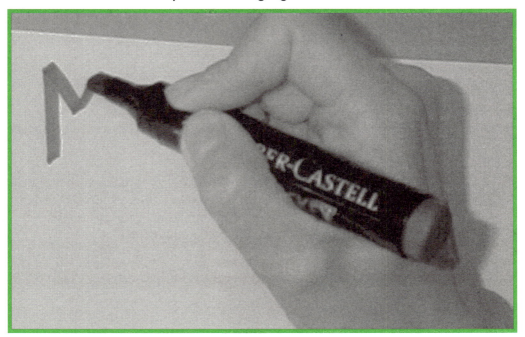

Den großen Stift so in die Hand nehmen, dass die hohe Kante zum Papier zeigt, mit der „Giebelkante" schreiben und beim Schreiben nicht mehr drehen.

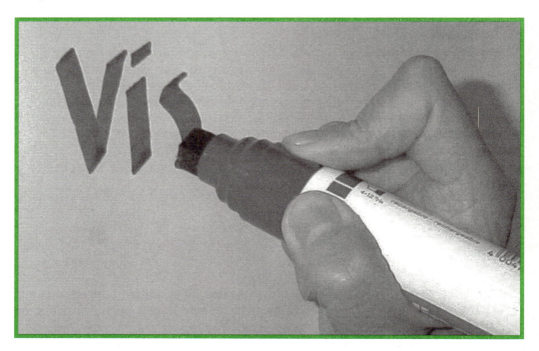

Hilfen und Tipps

- Groß- und Kleinbuchstaben verwenden.
- Druckschrift ist besser lesbar als Schreibschrift
- Kurze Ober- und Unterlängen: je größer die Mittellänge, desto besser die Lesbarkeit auf die Entfernung
- Eng aneinander schreiben
- Die Schriftgröße der Gruppengröße anpassen: Weder optisch brüllen noch nuscheln
- Bei Verwendung von Karten, Kullern, ovalen Scheiben und Unterlegungen darauf achten, dass gleiche Formen und Farben Sinnzusammenhänge signalisieren
- Viel Freiflächen lassen und Informationen blockartig aufbereiten
- Visualisierungen in der Leserichtung der Zielgruppe aufbauen – hierzulande von links nach rechts und von oben nach unten

Hilfen und Tipps zum Visualisieren

wie´s geht?

- mit dem kleinen Stift
  - Filz mit der ganzen Breite aufsetzen
  - Stift mit Keilspitze verwenden (5mm breit)
  - Stiftspitze am Daumen
- für Text auf Plakaten und Karten
- Schriftgröße — 3 Zeilen pro Karte
- mit dem großen Stift
  - Filz 9 mm breit
  - hohe Kante zum Papier
- Schriftgröße — 2 Zeilen pro Karte
- großer Stift für Überschriften, Wolken und Raster
- Stift beim Schreiben nicht drehen

- Groß- und Kleinbuchstaben verwenden
- kurze Ober- und Unterlängen
- eng aneinander, n i c h t   w e i t   a u s e i n a n d e r schreiben
- in Spalten schreiben nicht über die ganze Breite des Plakats
- das Plakat von links oben nach rechts unten aufbauen
- jedes Plakat hat (nur) eine Überschrift
- gleiche Formen und Farben signalisieren Sinnzusammenhänge
- Blaue oder schwarze Schriftfarbe ist leichter lesbar als rote oder grüne
- rot und grün für Raster, Strukturen
- Symbole, Piktogramme verwenden
- kulturelle Unterschiede berücksichtigen

Diese Hilfen und Tipps gelten für jede Art von Visualisierung: Plakate, Flipcharts und Folien. Für Plakate, die im Prozess entstehen, gelten dieselben Gestaltungshilfen wie für vorbereitete. Wenn die Beiträge lesbar und strukturiert festgehalten werden, vermittelt dies auch eine wertschätzende Haltung gegenüber den Teilnehmern.

Wenn Sie ein Plakat vorbereiten, sehen Sie es sich aus der Zuschauerposition an. Erst aus dieser Entfernung können Sie feststellen, ob Sie die erwünschte Wirkung erzielen.

3.2 Fragen im Prozessmanagement

Fragen strukturieren einen Prozess und helfen den Teilnehmern und den Prozessmanagern Erkenntnisse zu gewinnen und sich auf dem Weg zum Ziel zu bewegen. Beim Finden von Fragen hilft es, verschiedene Aspekte im Auge zu behalten.

Annahmen in Fragen

Fragen werden immer gestellt aufgrund von Annahmen über die Situation oder den Prozess. Jede Frage beinhaltet Annahmen. Das geschieht normalerweise unbemerkt. Die Annahmen, die sich in einer Frage ausdrücken, resultieren immer aus der eigenen Weltsicht und Kultur bzw. der Sicht der Organisation aus der sie stammt. Es gibt hier kein richtig oder falsch. Wichtig ist es, sich Klarheit über die eigenen Annahmen zu verschaffen. Als Prozessmanager muss ich die Annahmen, die hinter meinen Fragen stehen kennen und bewusst einsetzen.

Zum Beispiel enthält die Frage: „Was wollen Sie heute bearbeiten?"
folgende Annahmen:
➤ Sie wollen arbeiten
➤ Es gibt Themen zu bearbeiten
➤ Es soll heute geschehen
➤ Es gibt eine Liste mit Arbeiten, die zu erledigen sind
➤ Es gibt die Möglichkeit auszuwählen

Annahmen helfen, Fragen zu formulieren und zu stellen.

Problemorientierte und lösungsorientierte Fragen

Fragen an Gruppen, können im wesentlichen in zwei Richtungen zielen. Entweder in Richtung auf das Problem, z.B.: Was ist die Ursache des Problems? oder in Richtung auf die Lösung, z.B.: Wie konstruieren Sie Lösungen für...?

Wichtig ist, beim Formulieren von Fragen diese beiden Blickwinkel im Auge zu behalten. Noch ist die Problemsicht weiter verbreitet als die lösungsorientierte Sicht. Es gibt Gruppen, die sich mit einer problemorientierten Frage leichter tun und erst im Laufe des (Entwicklungs-)Prozesses in der Lage sind, beide Sichtweisen einzunehmen.

Ein Beispiel in Richtung Problem: „Seit wann haben Sie diese Schwierigkeit?" Dahinter steht die Annahme, dass die Schwierigkeit schon eine Zeit existiert und dass der Mensch, mit dem gesprochen wird, im Besitz des Problems ist.

Eine Frage in Richtung Lösung ist z.B. „Was werden Sie tun, wenn der Konflikt bereinigt ist?" Dahinter steht die Annahme, dass der Konflikt lösbar ist und dass dann eine Änderung des Verhaltens möglich ist, dass jemand von dem Konflikt betroffen ist und etwas tun kann, dass es einen Zusammenhang zwischen der Person und dem Konflikt gibt.

Fragen, die lösungsorientiert formuliert sind, lassen bei den Befragten eine Energie für die Änderung der Situation und für das Erreichen der Lösung entstehen. Die Zuversicht wird geweckt, die Grundhaltung ist eher optimistisch als pessimistisch. Die Frage hat die Zukunft im Blick und es wird davon ausgegangen, dass die Menschen über die Erkenntnisse und Ressourcen verfügen, die sie für das Erreichen der Lösung benötigen. Es wird nach Ausnahmen des Problems gefragt. Damit werden die Details erfragt, die es möglich machen, dass das Problem nicht auftritt. Dahinter steht die Annahme, dass kein Problem 24 Stunden am Tag an 365 Tagen im Jahr besteht.

Lösungsorientiert fragen heißt:
- Der Blick wird (allmählich von der Vergangenheit) auf die Gegenwart und Zukunft gerichtet, denn beide sind gestaltbar.
- Es gibt immer Ausnahmen, für was auch immer, sie zu finden heißt, sie nutzen zu können für eine Lösung.
- Menschen sind eher bereit zu verändern, wenn das in kleinen Schritten passiert und sie dabei ihre Erfahrungen machen können. Kleine Veränderungen führen zu großen Veränderungen.
- Menschen haben meistens alles zur Verfügung, was sie brauchen, um ihr Problem lösen zu können.
- Menschen wissen am besten wie sie ihr Problem lösen können, welche Veränderungen notwendig sind. Mutet man ihnen das zu, fangen sie an Verantwortung zu übernehmen.
- Jede Veränderung beeinflusst zukünftige Interaktionen aller Beteiligten.

Funktionsbezogene Fragen

Fragen dienen dazu, die verschiedenen Funktionen im Prozess zu erfüllen. So können Fragen die Teilnehmer veranlassen, eine Themenübersicht zu bekommen (z.B. Worüber wollen wir heute sprechen?). Mittels Fragen wird die Bearbeitung von Themen ermöglicht (z.B. Welche Lösungsansätze gibt es?). Schließlich helfen Fragen dem Prozessmanager, eine Transparenz über Einschätzungen herzustellen (z.B. Wie zufrieden sind Sie mit dem Ergebnis der Besprechung?).

Der Prozessmanager überlegt also zuerst, für welche Funktion als nächstes zu sorgen ist. Dann formuliert er eine Frage, die hilft, die Funktion zu erfüllen. Schließlich wählt er gegebenenfalls eine Methode, um seine Frage(n) von der Gruppe beantworten zu lassen (siehe Kapitel 4).

In Zeiten immer stärkerer Vernetzung und komplexer Veränderungsprozesse ist und bleibt das Managen von Gruppenprozessen ein wesentlicher Erfolgsfaktor.

Prozessfragen

Prozessfragen unterstützen die Gruppe in ihrem Prozess. Sie dienen nicht primär den drei Grundfunktionen, sondern wirken eher als das Tröpfchen Öl, welches den Gruppenprozess in Gang hält.

Prozessfragen werden gestellt, wenn ein methodischer Schritt angeleitet wurde oder beendet wurde, um den Prozess voranzubringen. Das ist zum Beispiel, wenn Karten geschrieben wurden und jetzt sortiert werden sollen oder wenn die Frage zur Ein-Punkt-Frage gestellt ist, damit die Punkte geklebt werden können. Prozessfragen sind immer dann nützlich, wenn ein neuer Arbeitsschritt ansteht, während eines Arbeitsschrittes die Diskussion laufen muss oder ein Arbeitsschritt beendet werden soll.

Allgemeine Prozessfragen sind z.B.:
- Ist die Frage klar?
- Ist der Arbeitsauftrag klar?
- Wissen Sie, was jetzt zu tun ist?
- Was müssen wir hier noch klären, damit Sie mit der Arbeit beginnen können?
- Was brauchen Sie noch an Informationen, damit Sie loslegen können?
- Meinen Sie dass,......?
- Was haben Sie gesehen, gehört?

- Auf Grund welcher Wahrnehmung/en kommen Sie zu der Vermutung....?
- Was bedeutet das für Sie?
- Wie beurteilen Sie das...?
- Wie finden Sie...?
- Wie geht es Ihnen damit, wenn....?
- Wer möchte noch etwas sagen?
- Gibt es noch Verständnisfragen?

Die PAKKO-Regel für die Formulierung von Fragen

Damit Fragen für die Teilnehmer wirksam sind, und sie gut darauf antworten können, hilft es, wenn sie nach der PAKKO-Regel formuliert sind.

P ersönlich: Die Teilnehmer werden persönlich angesprochen. Die persönliche Ansprache drückt sich in den Worten Sie oder Du aus. Unpersönlich wäre: man, die Menschen.

A ktivierend: Es werden eigene Sinneswahrnehmungen erfragt, eigenes Empfinden z.B. Welche Probleme erleben Sie ...? Durch die Verknüpfung der Fragen mit methodischen Schritten bekommen sie eine zusätzliche aktivierende Wirkung. Oft führt die Frage die Teilnehmer in eine Aktivität, z.B. eine Kleingruppenarbeit.

K urz: Kurze Fragen sind leichter aufzunehmen und zu verstehen und können leichter erinnert werden. Die Kürze darf allerdings nicht auf Kosten der anderen Kriterien gehen.

K onkret: Durch die Konkretheit der Frage wird die mögliche Bandbreite der Antworten vorgegeben. Die erlebbare Wirklichkeit ist das Maß für konkret. Alles, was theoretisch ist, bleibt abstrakt.

O ffen: Offene Fragen beginnen mit Fragewörtern, W-Wörtern, z.B. Wie, was, ... Sie sind nicht mit ja oder nein oder nur mit einem einzigen Wort zu beantworten. Sie regen zu einer ausführlichen Antwort an. Einzig das Wort „warum" ist häufig ungeeignet. Warum fragt nach Ursachen und löst häufig bei den Menschen Schuldgefühle und Rechtfertigungen aus. Hilfreicher ist es, in diesem Fall z.B. zu fragen: Was hat Sie bewogen...?

Nachfragen

Neben den Hinweisen zu Fragen im allgemeinen möchten wir auf diese Fragetechnik aufmerksam machen. Nachfragen dient dazu, Aussagen zu präzisieren und Standpunkte klarer zu bekommen.

Aussagen, die Menschen machen sind oft unkonkret und unspezifisch. Das liegt daran, dass wir nicht unbedingt immer Zugang zu allen unseren Erkenntnissen haben. Nachfragen ermöglicht Einzelnen oder Gruppen den Zugang zu Informationen, die sie im Moment nicht direkt zur Verfügung haben. Dadurch konkretisiert und präzisiert der Einzelne seine Aussagen. Nachfragen ermöglicht ihm, seinen persönlichen Standpunkt zu finden. Das hat Einfluss auf die Qualität der Antworten und damit auf die Entwicklung konkreter und angemessener Lösungen.

Wichtig als innere Haltung des Prozessmanagers ist, die Schutzfunktion solcher sprachlichen Ungenauigkeiten wertzuschätzen. Zum Nachfragen ist es notwendig auf bestimmte Formulierungen zu achten, sie wahrzunehmen, um sie dann zum Nachfragen zu nutzen.

Konjunktive:

- Würde - Sie wollen?
- Könnte - Sie können/wollen?
- Sollte - Sie sollen?

Verallgemeinerungen:

- Man/wir - wer genau?
- Alle: Wer alles?
- Nie: Überhaupt nie, manchmal schon?, wie oft am Tag, in der Woche?

Löschungen/Tilgungen:

- „Letztes Jahr war das Ergebnis besser." Besser als wann/was, als welches andere Ergebnis?
- „Ich muss mehr arbeiten." Mehr als in den Tagen/Wochen, Monaten zuvor? Mehr als der Kollege?

Substantivierungen:

- „Es gab großen Ärger." Wer hat sich geärgert? Worüber haben Sie sich geärgert?

- Es gab eine Reihe von gegensätzlichen Meinungen." Wer alles war anderer Meinung? Was für Gegensätze gab es? Was für Meinungen?

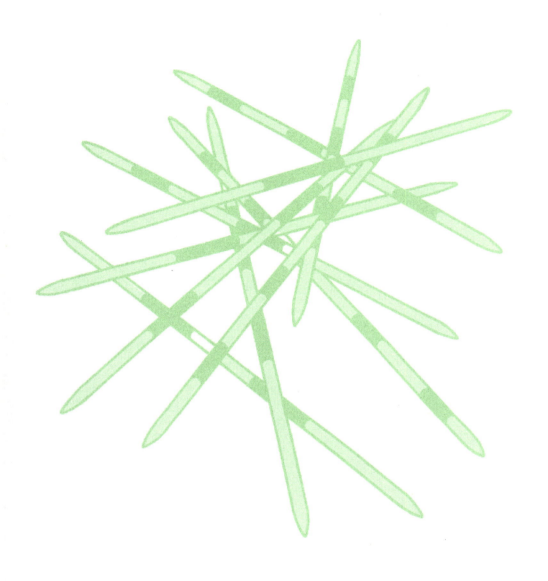

Kapitel 4
Frage- und Antwortmethoden für Gruppen

4 Frage- und Antwortmethoden für Gruppen

Häufig kann der Prozessmanager einen Gruppenprozess allein dadurch steuern, dass er die Funktionen im Auge behält, entsprechende Fragen stellt und die Beiträge und Ergebnisse mitvisualisiert.

Für größere Gruppen und/oder komplexe Themen gibt es eine Vielfalt von Methoden, die die Gruppe in die Lage versetzen, ihre Themen zusammenzutragen, sie zu bearbeiten und Einschätzungen transparent zu machen.

Die Strukturierung des Kapitels orientiert sich an den Funktionen im Prozess (siehe Kapitel 2). Wir nennen diese Methoden Frage- und Antwortmethoden, wir beschreiben, wie sie angewendet werden und worauf zu achten ist. Zu jeder Methode nennen wir auch die entsprechenden Prozessfragen.

4.1 Themenübersicht herstellen

Die im folgenden beschriebenen Methoden helfen einer Gruppe, eine Übersicht über die zu bearbeitenden Themen herzustellen.

4.1.1 Kartenfrage

Die Kartenfrage dient der Funktion „Themenübersicht herstellen".

Bei der Kartenfrage schreiben die Teilnehmer ihre Äußerungen auf Karten. Das kann jeder für sich alleine tun oder die Teilnehmer schreiben in kleinen Gruppen zu dritt oder zu viert ihre Karten.

Bei diesem Denk - und Schreibprozess beginnen die Teilnehmer bei den vordergründigen Aspekten und Themen. Erst im Laufe der Zeit, das sind Minuten, tauchen die Themen und Aspekte auf, die einem erst in zweiter Linie einfallen. Sie sind in der Regel für die Bearbeitung aussagekräftiger und relevanter. Das ist der Grund, warum dieser Prozess weder durch Zeitbegrenzung abgekürzt, noch durch die Kartenzahl beschränkt werden kann.

Frage- und Antwortmethoden — **Themenübersicht herstellen**

Methode	Wie es geht ...	
Kartenfrage	◆ sachlich, problemorientiert ◆ Hintergrund für die Frage und Vorgehensweise erklären ◆ fragen, checken, starten ◆ Arbeitsanweisungen geben Karten mit der Gruppe klumpen	◆ alle Karten aufhängen ◆ Karten nicht bewerten oder interpretieren ◆ Karten und Zeit nicht beschränken
Zuruffrage	◆ kreativ, lösungsorientiert alle Beiträge mitschreiben ◆ Bewertung unterlassen und verhindern ◆ Plakat zweispaltig nutzen	◆ sauber und lesbar mitschreiben
Sammelszenario	◆ Fragen erläutern, eventuell Beispiel geben ◆ Abweichungen vom Szenario ermögichen ◆ Gruppen nicht kontrollieren ◆ Zeitvorgabe 20 - 40 Minuten ◆ Nach Präsentation Verständnisfragen stellen lassen	◆ Themen, mit denen weitergearbeitet werden soll, auf Karten schreiben lassen ◆ Karten strukturieren, wie bei der Kartenfrage
Themenspeicher	◆ auf aussagefähige Sätze oder Fragen achten	

Der Prozessmanager bereitet ein Leerplakat mit der funktionsbezogenen Frage als Überschrift vor. Zusätzlich sollten ein bis zwei Leerplakate bereitstehen. Alle Stellwände sollten mit vielen Nadeln zum Befestigen der Karten ausgestattet sein.

Um die Themenübersicht herzustellen, liest der Prozessmanager die funktionsbezogene Frage vor (z.B. An was alles müssen wir bei diesem Projekt denken?) und erklärt den Teilnehmern die Vorgehensweise. Hierbei ist es wichtig, die Funktion des Schrittes zu erläutern (z.B. „Lassen Sie uns die Aspekte auf Karten zusammentragen, dann bekommen wir eine gemeinsame Übersicht").

Der Prozessmanager sollte dagegen keine methodischen Fachbegriffe verwenden (also nicht: „Jetzt machen wir eine Kartenfrage").

Der Prozessmanager verteilt Karten und kleine Filzstifte und bittet die Teilnehmer pro Karte nur ein Thema stichwortartig zu notieren, mit dem Hinweis „bitte laut und deutlich schreiben". Nachdem der Prozessmanager die Karten eingesammelt hat, sortiert er sie gemeinsam mit der Gruppe auf die Plakate.

Der Prozessmanager liest die Karte sichtbar vor und die Gruppe entscheidet, zu welchem Cluster diese Karte gehört. Es werden keine Sortierkriterien vorgegeben. Das Sortieren erfolgt nach Zusammenhängen, die Überschriften werden später formuliert. Die Cluster sollten zur besseren Orientierung und zur leichteren Zuordnung nummeriert werden. Hierzu bietet es sich an, Nummern auf kleine runde Karten (Kuller) zu schreiben. Die Cluster können dann bei Bedarf verschoben und die Nummerierung flexibel gehandhabt werden.

Kriterien für eine Zuordnung können sein:
„Was lässt sich sinnvoll gemeinsam bearbeiten?" oder „Wofür sind ähnliche Lösungen vorstellbar?" Gibt es unterschiedliche Meinungen bei der Zuordnung einer Karte, bittet der Prozessmanager, diese Karte zu verdoppeln. Dann werden die beiden Karten in beide Cluster gehängt. Wenn alle Karten zugeordnet sind, wird für jeden Cluster eine Überschrift bzw. Frage formuliert.

Warnung!!
Keine Karten wegwerfen, auch nicht auf Aufforderung aus der Gruppe. Jede Karte gehört dazu, denn der Schreiber hat damit eine Absicht verbunden. Karten nicht übereinander hängen sondern jede Karte sichtbar aufhängen, denn die Häufungen sollen sichtbar bleiben. Die Kartenzahl wird nicht begrenzt, da häufig wertvolle Beiträge erst entstehen, wenn die ersten Karten bereits geschrieben sind.

Wann ist eine Kartenfrage sinnvoll und für den Prozess geeignet?
- Wenn Anonymität sinnvoll und angebracht ist
- Wenn Zeit zum Überlegen notwendig ist
- Wenn Häufungen sichtbar werden sollen
- Wenn der Zuordnungsprozess entscheidend zur gemeinsamen Themensicht der Gruppe beiträgt

- Wenn eine Themenlandschaft erstellt werden soll, d.h. wenn Breite und Vielfalt gefragt sind

Auf einen Blick:

- Funktion dieses Schrittes erklären: Wozu dient das jetzt?
- Fragen, checken, starten
- Keine Begrenzung von Karten und Zeit vorgeben
- Klare Arbeitsanweisungen zum Beschreiben der Karten geben
- Cluster nummerieren
- Karten mit der Gruppe clustern
- Karten allparteilich behandeln
- Alle Karten sichtbar aufhängen

Fragen zu diesem Prozessschritt:

Ist die Frage klar und ist der Arbeitsauftrag klar?

Wissen Sie, was jetzt zu tun ist?

Was müssen wir hier noch klären, damit Sie beginnen können?

Wenn die Karte nicht verstanden wird: Was ist mit dieser Aussage gemeint?

Wenn die Gruppe Schwierigkeiten hat, die Karte zuzuordnen:

Was gibt es für Argumente/Gründe, die Karte zu Nr. …oder zu Nr. …zu hängen?

Was spricht für Nr. … und für Nr. …?

Macht es Sinn, diese Karte mit Nr. … zusammen zu bearbeiten?

Gibt es für diese Karte und diesen Cluster gemeinsame Bearbeitungsmöglichkeiten / Lösungen?

Was macht es gerade schwierig, die Karte zuzuordnen?

4.1.2 Zuruf-Frage

Die Zuruffrage hilft, ebenso wie die Kartenfrage, eine Themenübersicht herzustellen. Sie ist eine Form des gemeinsamen Brainstormings.

Für die Themensammlung durch Zuruf bereiten Sie ein bis zwei Leerplakate vor, die nur in der linken oberen Ecke die Frage als Überschrift haben.

Der Prozessmanager bittet die Teilnehmer kurz, durcheinander und schnell alles zuzurufen, was ihnen zum Thema / zur Frage einfällt.

Der zweite Prozessmanager, wenn vorhanden, bringt alle Äußerungen aufs Plakat. Dabei ist es nützlich, das Plakat in zwei Spalten zu beschreiben. Erst anschließend werden sie mit der Gruppe gemeinsam geordnet.

Warnung!!
Die Äußerungen werden auf keinen Fall verbal oder nonverbal bewertet. Auch positive Bewertung einzelner Beiträge sind eine negative Bewertungen der anderen Beiträge, z.B. „Ja, das ist ein sehr wichtiger Beitrag", d.h. die anderen sind weniger - oder gar nicht wichtig.

Wann ist diese Methode angebracht?
- Wenn es auf kreative Vielfalt ankommt (Brainstorming-Effekt)
- Wenn kein Bedarf nach Anonymität besteht
- Wenn gegenseitige Anregungen wichtig sind
- Wenn es unwichtig ist, dass Mehrfachnennungen sichtbar werden, z.B.: wie viele Teilnehmer nennen das gleiche Problem.

Auf einen Blick:
- Alle Beiträge mitschreiben
- Bewertungen unterlassen und verhindern
- Plakat zweispaltig nutzen
- Sauber und lesbar mitschreiben

Fragen zu diesem Prozessschritt:

Ist die Frage klar?

Ist der Arbeitsschritt klar, wissen alle, was jetzt zu tun ist?

Was müssen wir noch klären, damit Sie loslegen können?

Am Schluss:

Sind alle Beiträge aufgenommen?

Wenn Sie auf das Plakat schauen, fällt ihnen noch was ein?

4.1.3 Sammelszenario

Das Sammelszenario bietet eine Struktur zum Sammeln der Themen in Kleingruppen. Im Gegensatz zur Kartenfrage oder Zuruf-Frage können hier mehrere Fragen gleichzeitig gestellt werden. Die Arbeit in Kleingruppen ist dann sinnvoll, wenn die Themen komplex sind.

Das Szenario, auch Raster genannt, kann aus 2 – 4 Schritten bestehen und richtet sich nach dem formalen Ziel, das am Ende dieses Szenarios herauskommen soll, z.B. „was wollen wir bei diesem Projekt im Auge behalten? oder „was müssen wir hier besprechen"? Diese Frage bestimmt das letzte Feld im Szenario.

Sodann überlegt der Prozessmanager welche Schritte und wie viele notwendig sind, um zu diesem Ziel zu kommen. Das können 1 bis 3 Fragen sein. In den Abläufen sind viele Beispiele abgebildet, die zum Nachahmen oder Anregen dienen.

Ziel des Szenarios ist es, alle Aspekte zu einem Thema oder einer Fragestellung zusammenzutragen. Widersprüche, Unterschiede und Gemeinsamkeiten sollen deutlich werden. Unterschiedliche Auffassungen sollen nicht ausdiskutiert, sondern mit einem Konfliktpfeil kenntlich gemacht werden und erst im Plenum diskutiert werden.

Der Prozessmanager erläutert die Funktion dieses Schrittes und führt die Teilnehmer durch das Plakat, indem er die einzelnen Fragen vorliest. Anschließend werden Kleingruppen gebildet. Dies kann nach Zufall, nach betrieblicher Funktion oder Hierarchie der Teilnehmer, nach Interesse oder Sympathie erfolgen.

Die Kleingruppen arbeiten dann 20-40 Minuten an den Fragen und füllen das Szenario mit ihren Beiträgen. Der Prozessmanager sollte die Gruppen nicht „kontrollieren", sondern darauf vertrauen, dass die wesentlichen Themen und Aspekte in den Kleingruppen erhoben werden.

Die Kleingruppenergebnisse werden anschließend anhand der Kleingruppenplakate dem Plenum von ein oder zwei Mitgliedern der Gruppe vorgestellt. Wichtig ist, dass sie dies im Namen und als Stellvertreter der Kleingruppe tun. Unterschiedliche Auffassungen in der Gruppe können durch die Präsentation für das Plenum sichtbar gemacht werden. In keinem Fall werden die Ergebnisse von einem Prozessmanager vorgestellt.

Wenn alle Kleingruppen präsentiert haben, hat die Gesamtgruppe eine Übersicht über die im weiteren Prozess zu bearbeitenden Themen. Wenn eine große Themenvielfalt zu erwarten ist, kann es nützlich sein, wenn die Kleingruppen ihre Themen im letzten Feld des Szenarios auf Karten schreiben. Dies ermöglicht, nach den Präsentationen die Karten auf einer neuen Themenwand zusammenzubringen und wie bei der Kartenfrage zu clustern.

Die Themen können im Anschluß in einen Themenspeicher übertragen werden.

Auf einen Blick:
- Arbeitsschritt erklären
- Fragen erläutern, eventuell Beispiel geben: eventuell Abweichungen vom Szenario ermöglichen
- Kriterien für das Finden der Kleingruppen beachten
- Kleingruppe(n) allein arbeiten lassen: Gruppen nicht kontrollieren oder sich inhaltlich einmischen
- Präsentation durch 1 bis 2 Kleingruppenmitglieder
- Arbeitszeit bekannt geben, 20-40 Minuten sind angemessen
- Themen, die weiter bearbeitet werden sollen, gegebenenfalls auf Karten schreiben lassen und sie später clustern wie bei der Kartenfrage

4.1.4 Themenspeicher

Der Themenspeicher ist eine Übersicht über die Punkte, die im weiteren Prozess diskutiert bzw. bearbeitet werden sollen. Er bringt Struktur und Ordnung in die Themensammlung. Er dient der Gruppe als roter Faden, an dem entlang sie ihre Diskussion organisieren kann, ohne dass ein Hierarch oder Leiter festlegen muss, was wann mit welchem Ziel getan werden soll.

In den Speicher werden alle Themen, Probleme, Wünsche usw. eingetragen, die über eine Karten-Frage, eine Zuruf-Frage oder Kleingruppenszenarien gesammelt worden sind. Dazu werden zuerst Überschriften zu den jeweiligen Clustern gebildet, die dann in den Themenspeicher übertragen werden.

Manchmal kann man einen Themenspeicher auch direkt füllen, indem man die zu besprechenden Themen von den Teilnehmern nennen lässt, auf Karten schreibt und in den Themenspeicher hängt. Diese Form einer Tagesordnung (siehe 4.1.5) eignet sich für kleinere Besprechungen.

Der Prozessmanager bereitet ein bis zwei Plakate mit der Struktur des Themenspeichers vor. In die einzelnen Zeilen kommen die Überschriften der Cluster. Dabei ist darauf zu achten, dass Themen noch keine Lösungen enthalten, also lösungsneutral formuliert sind. Dabei können die Themen auch als Fragen formuliert werden.

Da dieser Speicher die Arbeit der Gruppe weiter begleitet, lohnt es sich, Sorgfalt auf Formulierungen und Schrift zu legen sowie auf aussagefähige Sätze oder Fragen zu achten.

Der Themenspeicher dient zunächst dazu, eine Übersicht über die Punkte herzustellen, die diskutiert werden sollen. Im Anschluß kann mit Hilfe des Themenspeichers auch Transparenz hergestellt werden über die Einschätzung von Rangordnungen und Reihenfolgen. Eine funktionsbezogene Frage hierzu ist z.B. „Mit welchem Thema möchten Sie beginnen?" Hierzu bietet sich beispielsweise eine Mehrpunktfrage an.

- Essenz der Diskussion beim jeweiligen Thema mitvisualisieren
- Aufgaben und Verantwortlichkeiten in die Wer-Spalte eintragen

Fragen zu diesem Prozessschritt:

Haben wir alle Themen aufgenommen?

Gibt es noch weitere Themen?

Wer kann/muss dazu was sagen?

Was gibt es dazu zu sagen?

Wer bleibt dran am Thema?

Wer muss was tun?

4.2 Bearbeitung organisieren

Die im folgenden beschriebenen Methoden dienen dazu, konkrete Themen aus dem Themenspeicher oder einer Tagesordnung von der Gruppe bearbeiten zu lassen. Auch hier steht für den Prozessmanager die Funktion im Vordergrund, danach formuliert er die zu beantwortende Frage (z.B. „Welche Lösungsideen gibt es?") und wählt schließlich eine Methode, mittels derer die Teilnehmer Antworten auf die Frage finden können.

Frage- und Antwortmethoden / **Bearbeitung organisieren**

Methode	Wie es geht ...	
Bearbeitungs-szenario	◆ Fragen und Vorgehen erklären ◆ Kleingruppen allein arbeiten lassen ◆ Szenario von hinten aufbauen	◆ Zeitvorgabe ca. 60 Minuten > Zwischenergebnisse einsammeln
mitvisualisieren	◆ sauber und lesbar mitschreiben ◆ Struktur der Diskussion heraushören und nutzen ◆ auf Schlüsselwörter achten	◆ nach 30 - 40 Minuten Fazit einsammeln
Maßnahmen-katalog	◆ was? wer? mit wem? bis wann? an wen? in welcher Form? ◆ zunächst die Was-Spalte vollständig ausfüllen ◆ nur das Machbare vereinbaren ◆ auf realistische Termine achten	◆ in die Wer - Spalte nur Anwesende eintragen ◆ eventuell "Kümmerer" bestellen

Warnung!!
Die Teilnehmer müssen die Überschriften auch noch in einigen Wochen verstehen, deshalb muss sehr auf aussagekräftige Formulierungen geachtet werden. Z.B. statt „Zusammenarbeit" ist klarer „mangelnde Zusammenarbeit zwischen Team A und B".

Auf einen Blick:
- Funktion des Schrittes erklären, was damit erreicht wird
- Arbeitsschritt erklären: Überschriften, Arbeitstitel, lösungsneutrale Fragen für die Cluster finden
- Auf aussagekräftige Formulierungen achten
- Formulierungen anbieten

Fragen zu diesem Prozessschritt:

Zum Finden der Überschriften:

Was ist das Gemeinsame dieser Karten, dieses Clusters?

Unter welcher Überschrift lassen sich diese Karten / Aussagen zusammenfassen?

Was ist das Hauptthema darin?

Was kommt in diesem Cluster immer wieder vor?

Für aussagekräftige Formulierungen:

Würden Sie diese Überschrift auch noch in ... Wochen verstehen/ wissen, was damit gemeint ist?

Welche Unterpunkte, Ergänzungen müssen noch dazu, damit dieses Cluster vollständig erfasst und beschrieben ist?

4.1.5 Die Tagesordnung

Die Tagesordnung gemeinsam aufzustellen ist die einfachste Form, eine gemeinsame Themenübersicht zu bekommen. Der Prozessmanager sammelt mit den Teilnehmern die anstehenden Themen. Er notiert in der Wer-Spalte den Teilnehmer, der das Thema betreut, verantwortlich ist, Einstiegsinformationen liefert etc.

Wenn alle Themen zusammengetragen sind, kann die Tagesordnung weiter genutzt werden, um Einschätzungen über Prioritäten transparent zu machen. Dazu einigt sich die Gruppe gegebenenfalls über den Zeitanteil, den jedes Thema beanspruchen soll. Anschließend wird gemeinsam eine zeitliche bzw. logische Reihenfolge festgelegt.

In der Folge kann Thema für Thema besprochen werden, in der Bemerkungsspalte können Diskussionsergebnisse, weitere Bearbeitungsschritte oder Entscheidungen festgehalten werden. Die Tagesordnung hilft also auch, die Bearbeitung zu organisieren.

Die Tagesordnung in der beschriebenen Form ist also eine Art Kombi-Instrument, mit dem an verschiedenen Stellen im Prozess verschiedene Funktionen erfüllt werden können. Sie ist einfach zu handhaben und gerade für Besprechungen und für nicht sehr komplexe Themen hervorragend geeignet.

Die Vorteile dieser Art von Tagesordnung sind:

- Der Ablauf wird von allen mitentschieden und damit wird Verantwortung mit übernommen
- Der Ablauf ist für alle transparent
- Alle können mit auf die Zeiteinhaltung achten

Auf einen Blick:

- Funktion dieses Schrittes erklären: Erst sammeln, dann Reihenfolgen festlegen, dann diskutieren, dann festlegen, wer was tun muss
- Alle Themen sammeln
- Eventuell Zeitanteil für die Diskussion jedes Themas festlegen

4.2.1 Bearbeitungsszenario

Das Bearbeitungsszenario ist hinsichtlich der Form mit dem Sammelszenario verwandt, nur dass hierbei ein konkretes Thema vertieft und bearbeitet wird.

Es eignet sich zur Bearbeitung komplexer Themen, die einen Austausch zwischen den Teilnehmern nötig machen. Das Szenario ermöglicht es den Teilnehmern, sich über zwei, drei oder vier Fragen allmählich der eigentlichen Fragestellung, z.B. nach Lösungen und Umsetzungsschritten, anzunähern. Es macht damit komplexe Themen leichter handhabbar, da die Bearbeitung in zwei bis vier Schritten passiert.

Das letzte Feld des Szenarios ist auch hier wieder ausschlaggebend: Sollen Lösungsansätze entwickelt werden, erste Schritte erarbeitet werden, Entscheidungen vorbereitet werden,...? Der Prozessmanager muss dann Fragen formulieren, die die Gruppe zu dem gewünschten formalen Ergebnis führen. In den Beispielabläufen in Kapitel 6 sind mehrere Bearbeitungsszenarien enthalten, in denen dieser Aufbau sichtbar wird.

Der Prozessmanager erläutert die Funktion des Schrittes, liest die Fragen vor und erklärt die Vorgehensweise. Die Kleingruppenbildung kann nach Zufall, Sympathie, Funktion, o. ä. erfolgen, je nachdem, was nützlich scheint. Die Kleingruppen arbeiten anschließend ca. 45 bis 60 Minuten an den Fragestellungen.

Spätestens nach 60 Minuten sollten alle Teilnehmer ins Plenum zurückkehren, um ihre Ergebnisse bzw. Zwischenergebnisse vorzustellen. Wenn Kleingruppen länger an einem Thema arbeiten, identifizieren sie sich oft sehr stark mit den von ihnen gefundenen Lösungen und sind dann weniger offen für die Ergebnisse der anderen Kleingruppen. Die Kleingruppenergebnisse werden anhand der Kleingruppenplakate dem Plenum von ein oder zwei Mitgliedern der Gruppe vorgestellt. Wichtig ist, dass sie dies im Namen und als Stellvertreter der Kleingruppe tun. Unterschiedliche Auffassungen in der Gruppe können durch die Präsentation für das Plenum sichtbar gemacht werden. In keinem Fall werden die Ergebnisse von einem Prozessmanager vorgestellt.

Da Präsentationen von vielen Kleingruppen besonders für das Plenum sehr anstrengend sind, werden die Präsentatoren gebeten, sich eng an die erstellten Plakate zu halten und möglichst nicht länger als 5 bis 10 Minuten zu präsentieren. Sie müssen nicht die gesamte Diskussion im Plenum vorstellen, sondern die Ergebnisse dieser Diskussion.

Aussagen, die von Mitgliedern des Plenums bei der Präsentation geäußert werden, ergänzen das Kleingruppenplakat. Die Plenummitglieder schreiben ihre Kommentare, Widersprüche, Ergänzungen usw. auf Karten. Dazu eignen sich die ovalen, um sie von den Karten aus der Kleingruppenarbeit, zu unterscheiden. Sie werden in das Kleingruppenplakat gehängt. Auf diese Weise können auch noch später im Protokoll der Verlauf sowie Veränderungen und Ergänzungen nachvollzogen werden.

Zum Schluss der Präsentation stellt der Prozessmanager die Frage, ob damit das Thema abschließend behandelt ist oder ob es weiter bearbeitet werden muss. Ist letzteres der Fall, wird die - nun meist viel konkretere - neue Fragestellung in den Problemspeicher aufgenommen und bei nächster Gelegenheit mit zur Auswahl für die weitere Bearbeitung gestellt.

Auf einen Blick:
- Arbeitsschritt erklären
- Fragen erläutern, eventuell Beispiel geben: eventuell Abweichungen vom Szenario ermöglichen
- Kriterien für das Finden der Kleingruppen beachten
- Eventuell Themen, die noch weiter bearbeitet werden sollen, in einen Themenspeicher aufnehmen
- Präsentation durch 1 bis 2 Kleingruppenmitglieder
- Arbeitszeit bekannt geben, spätestens nach 60 Minuten Zwischenergebnisse einsammeln
- Kleingruppe(n) allein arbeiten lassen: Gruppen nicht kontrollieren oder sich inhaltlich einmischen

Fragen zu diesem Prozessschritt:

Bei der Anleitung der Gruppenarbeit:

Sind die Fragen klar?

Ist der Arbeitsauftrag klar, wissen alle, was zu tun ist?

Was müssen wir noch klären, damit Sie los legen können?

Bei den Präsentationen:

Gibt es Verständnisfragen hierzu?

Was gibt es an Fragen, Anmerkungen, Einwänden zu dieser Präsentation?

Wo sind Sie sich einig, wo gibt es noch unterschiedliche Sichtweisen?

Worüber müssen Sie sich einigen, wo dürfen / können Sie weiter unterschiedlicher Meinung bleiben?

Was brauchen Sie noch an Informationen, Aussagen, um mit diesem Vorschlag mitgehen zu können?

Was davon möchten Sie festhalten?

4.2.2 Mitvisualisieren

Mitvisualisieren gehört zum Grundhandwerkszeug des Prozessmanagers (siehe Kapitel 3). Wir haben es hier zusätzlich als methodischen Schritt eingeordnet, weil es während der Themenbearbeitung besonders hilfreich ist. Durch mitvisualisieren können Redundanzen vermieden werden und die Gruppe kann effektiver an ihren Themen arbeiten.

Wenn ein Plenum nicht in Kleingruppen aufgeteilt werden kann, bietet sich an, die Diskussion im Plenum mitzuschreiben. Auch nach der Präsentation von Kleingruppenergebnissen aus Bearbeitungsszenarien ist es hilfreich, die entstehende Diskussion im Plenum mitzuvisualisieren.

Das Mitvisualisieren dient dazu:

- Die Diskussion in einer Gruppe abzubilden
- Alle Argumente sichtbar zu machen und als gleichwertig darzustellen
- Redundanzen zu vermeiden
- Zugleich entsteht ein schriftliches Protokoll

Der Prozessmanager kann ein Szenario wie für die Kleingruppen verwenden. Manchmal ergibt sich auch aus einer Diskussion die Struktur. Z.B. spricht eine Gruppe über die Vor- und Nachteile, oder sie diskutiert darüber, wie etwas früher war und vergleicht es mit heute, oder einzelne Mitglieder bringen ihre Erfahrungen zu einem Thema ein.

Wichtig ist, die Beiträge so wörtlich wie möglich mitzuschreiben und Reiz- oder Schlüsselworte aufzunehmen. Bei langen Beiträgen kann der Prozessmanager auch fragen, wie das kürzer hingeschrieben werden kann. Hilfreich ist, zwischen den Themenblöcken viel Platz für Ergänzungen zu lassen. Eine weitere Hilfe ist, mit Symbolen zu arbeiten. So können z.B. strittige Punkte mit einem Konfliktpfeil versehen werden.

In der Regel wird schneller gesprochen, als mitgeschrieben werden kann. Das Schreibtempo erreicht nie die Redegeschwindigkeit. Durch das Mitvisualisieren nimmt der Prozessmanager also auch Tempo aus der Diskussion heraus. Die Teilnehmer hören sich zu, lassen sich ausreden, es gibt Momente zum Überlegen und Abwägen, zum Verwerfen und Wiederaufgreifen von Argumenten oder Ideen. Und wenn sich das alles auf dem Plakat abbildet, kann man von einer gelungenen Mitvisualisierung sprechen.

Wie die Stifte zu nutzen sind und wie die Schrift beim Mitvisualisieren sein soll, haben wir in Kapitel 3 beschrieben.

Auf einen Blick:
- Ein Leerplakat und große und kleine Stifte parat haben
- Eventuell in den ersten Minuten der Diskussion zuhören bis sich eine Struktur ergibt oder
- Eine Diskussionsstruktur vorschlagen
- Sauber und lesbar mitschreiben

- Auf Schlüsselwörter achten
- Immer wieder Bezug zwischen den Gruppenmitgliedern und dem Plakat herstellen
- Zum Ende der Diskussion bzw. zwischendurch Fazit einsammeln

Fragen zu diesem Prozessschritt:

Bei langen Beiträgen:

Wie kann / darf ich das hinschreiben?

Finden Sie sich mit Ihrer Aussage wieder?

Was gibt es noch an Ergänzungen?

Wo soll das hingeschrieben werden?

Soll ich das so...hinschreiben?

Zum Abschließen der Diskussion:

Wo sind Sie mit der Diskussion denn jetzt angekommen?

Welches Fazit können Sie jetzt ziehen?

Was heißt das für den weiteren Prozess?

Woran müssen Sie weiter arbeiten?

Was bedeutet das für das Thema?

Welche Konsequenzen, Auswirkungen hat das... für...?

4.2.3 Tätigkeitskatalog/Maßnahmenkatalog

Zu der Funktion Bearbeitung organisieren gehört auch der Tätigkeits- bzw. Maßnahmenkatalog. Dieser methodische Schritt schließt sich oft an ein Bearbeitungsszenario oder eine mitvisualisierte Plenumsdiskussion an. Denn hier geht es darum, konkrete Aktionen abzuleiten und Verantwortlichkeiten festzulegen. Erst mit der Vereinbarung konkreter Maßnahmen ist die Themenbearbeitung abgeschlossen.

Der Tätigkeits-/Maßnahmenkatalog enthält, so konkret wie möglich, die Aktivitäten, die im Laufe des Prozesses erarbeitet wurden. Außerdem werden hier die unbearbeiteten Themen festgehalten.

Tätigkeitskatalog

Aktivitäten	wer?	mit wem?	Bis wann?	Bemerkungen

Im Normalfall beinhaltet der Tätigkeitskatalog die nachfolgend beschriebenen Spalten.

Spalte „Tätigkeiten"

Diese Spalte kann auch „Aktivitäten", „Aufgaben" o.a. heißen. Diese Aufgaben sollen so konkret, einfach und überschaubar beschrieben sein, dass ihre Durchführung realistisch ist und leicht von der Gruppe kontrolliert werden kann. So ist die Tätigkeit „Ein Haus in X bauen" zu komplex. Es genügt, in den Tätigkeitskatalog zu schreiben: „Kontakt mit A aufnehmen, um Konzept für Haus in X zu erarbeiten." Aus diesem Konzept ergeben sich dann die weiteren Schritte.

Spalte „Wer"

In dieser Spalte können nur anwesende Personen stehen, denn es ist zwar leicht, meistens aber erfolglos, Tätigkeiten für andere zu erfinden. Findet sich in der Gruppe niemand, der die Kompetenz für eine gewünschte Maßnahme hat, muss sich zumindest ein Anwesender bereit erklären, die „Patenschaft" für die Tätigkeit zu übernehmen, d.h. sie an die Stelle weiterzugeben, die zuständig ist.

Die Aktion heißt dann z.B. „B über ... informieren" oder „Feedback von C einholen".

Findet sich niemand, der die Tätigkeit übernehmen will, wird sie wieder aus dem Katalog gestrichen. Sie ist dann offensichtlich nicht so wichtig, dass jemand Energie dafür aufbringen will.

Spalte „Mit wem"

Hier können Anwesende stehen, es können aber auch Personen, Organisationseinheiten oder Institutionen eingetragen werden, die entweder bei der Realisierung helfen können oder als Beteiligte/Betroffene einbezogen werden müssen.

Spalte „Bis wann"

Sie soll eine realistische Zeitschätzung enthalten. Hilfreich kann sein, eine Tätigkeit in mehrere kleinere Schritte mit entsprechenden kleineren Zeiteinheiten zu zerlegen, die in überschaubaren Zeiträumen durchgeführt werden können. Genaue Termine mit Tag, Monat und manchmal auch Jahr, in Abstimmung mit den persönlichen Terminkalendern, helfen für eine machbare Realisierung.

Spalte „Bemerkungen"

Hier können Stichworte zur Art der Durchführung aufgeschrieben werden, es kann auch festgehalten werden, an wen welche Form von Ergebnis der Aktivität gegeben werden soll oder wer letztlich darüber zu entscheiden hat.

Nach Erarbeitung des Tätigkeits-/Maßnahmenkataloges kann aus der Gruppe ein „Kümmerer" benannt werden. Der Kümmerer hat die Aufgabe, seine Kollegen an ihre übernommenen Aufgaben zu erinnern.

Warnung!!

Diese Phase ist häufig sehr kritisch, weil hier einzelne Personen „Farbe bekennen" müssen, ob sie sich engagieren wollen oder nicht. Sie sollte deshalb mit genügend Zeit vor Ende der Veranstaltung in großer Ruhe und ohne starken Druck von Seiten der Prozessmanager durchgeführt werden.

In manchen Veranstaltungen entsteht zu diesem Zeitpunkt ein hohes Maß an Euphorie und / oder Druck. Das kann sich auf die Selbstverpflichtungen, aber auch auf die Zeitschätzungen beziehen. Deshalb sollte der Prozessmanager an dieser Stelle die Gruppe erinnern, dass die Tätigkeiten in der Regel zum Alltagsgeschäft hinzukommen. Vielmehr ist es ganz normal, dass Tätigkeitskataloge nach einem gewissen Zeitabstand korrigiert werden müssen und Tätigkeiten abgehakt werden, weil sie sozusagen fertig sind. Das gibt ein Gefühl, etwas abgeschlossen zu haben, ein Stück weiter gekommen zu sein und etwas beendet zu haben.

Nicht jede Aktivität muss die einhellige Zustimmung aller Teilnehmer finden. Die Bereitschaft einzelner, sich für eine bestimmte Sache einzusetzen und die daraus erkennbare Energie, sollte nicht unterdrückt werden. Allerdings sollte der Prozessmanager die Gruppe aufmerksam machen, wenn er feststellt, dass einzelne sich mit Aufgaben überhäufen, während sich andere heraushalten.

Auf einen Blick:

- Alle Tätigkeiten in der Was-Spalte sammeln: Auf konkrete Beschreibungen achten
- Dann erst alle anderen Spalten quer ausfüllen
- In die Wer-Spalte nur anwesende Personen eintragen
- Kümmerer mit der Gruppe festlegen

Insbesondere im Rahmen von Reflexionen, Erfahrungsaustausch oder lernorientierten Situationen werden Vereinbarungen – im Gegensatz zu konkret abzuarbeitenden Maßnahmen – getroffen und entsprechend visualisiert. Diese Vereinbarungen haben eher den Charakter von Rahmengebern für den weiteren Prozess und können in einem weiteren Schritt in Massnahmen überführt werden.

Es empfiehlt sich, solche Selbstverpflichtungs- und Regelkataloge in Einzelarbeit vorzubereiten, in denen der Teilnehmer die Veranstaltung noch einmal an sich vorüberziehen lässt, sich die wichtigsten Erkenntnisse und Erfahrungen notiert und sich eine, höchstens zwei konkrete, einfache Schritte vornimmt, von denen er realistischerweise erwarten kann, dass er sie auch einhält. Je nachdem, wie hoch der Vertrauensgrad in der Gruppe ist, kann über diese Selbstverpflichtungen in einem Schlussblitzlicht gesprochen werden.

Frage- und Antwortmethoden
Einschätzungen transparent machen

Methode	Wie es geht ...	
1-Punkt-Frage	<ul><li>Absicht und Vorgehen erklären</li><li>Frage vorlesen</li><li>Punkte kleben lassen</li><li>Punkte sprechen lassen - zuerst allgemein - dann persönliche Aussagen</li></ul>	<ul><li>alle Aussagen mitschreiben - eventuell den Punkten zuordnen</li></ul>
Mehr-Punkt-Frage	<ul><li>Frage visualisieren und vorlesen</li><li>Prioritäten setzen nach - Wichtigkeit - Dringlichkeit - Interesse - Spaß</li></ul>	<ul><li>Punktezahl ungefähr die Hälfte</li><li>"häufeln" zulassen</li></ul>
Vernetzen	<ul><li>ähnliche Themen zusammenfassen</li><li>Hauptstrahler in die Mitte</li><li>Autobahnen der Beeinflussung</li><li>mit dem Thema beginnen, von dem am meisten abhängt</li></ul>	

4.3 Einschätzungen transparent machen

Die im Folgenden beschriebenen Methoden dienen dazu, Einschätzungen der Teilnehmer transparent zu machen. Dabei kann es sich um Einschätzungen thematischer Prioritäten und Zusammenhänge handeln wie auch um das Sichtbarmachen beziehungsrelevanter Themen.

Immer wenn es im Prozess wichtig ist, dass die Teilnehmer der Gruppe voneinander mitkriegen, wie sie zu bestimmten Themen stehen, sollte der Prozessmanager eine funktionsbezogene Frage formulieren und gegebenenfalls eine der folgenden Methoden wählen, um die gewünschte Transparenz zu erzielen.

4.3.1 Ein-Punkt-Frage

Bei der Ein-Punkt-Frage antworten die Teilnehmer mit einem Klebepunkt auf eine Frage des Prozessmanagers. Die Frage sollte präzise formuliert und muss visualisiert sein. Sie soll an die Gruppe persönlich gerichtet sein. Die PAKKO-Regel für die Formulierung ist zu beachten (siehe Kapitel 3.2). Sie soll so offen sein, dass jeder sie beantworten kann und ein breites Meinungsspektrum sichtbar wird (z.B.: Wie zufrieden sind Sie mit der Kommunikation in Ihrer Abteilung?).

Die Skala oder Felder müssen entsprechend der Gruppengröße gestaltet sein, d.h. groß genug, um eine deutliche Streuung sichtbar zu machen. Um das Schema herum soll soviel Platz sein, dass die zugerufenen Bemerkungen, Stellungnahmen und Antworten mitgeschrieben werden können.

Der Prozessmanager stellt die auf einem Plakat visualisierte Frage vor und erklärt das Verfahren. Jeder Teilnehmer bekommt einen Klebepunkt, mit der Bitte, ihn an den Platz zu kleben, der seiner Aussage zur Frage entspricht.

Nach dem Punkten bittet der Prozessmanager um verbale Kommentare zu den Punkten. Das heißt also nicht, die Punkte selbst sind die Aussage, sondern der Kommentar der Teilnehmer zu ihren Punkten. Zuerst können die Teilnehmer allgemein zu dem Bild etwas sagen, dann ist Gelegenheit, zu dem eigenen Punkt Aussagen zu machen. Teilnehmer können nicht gezwungen werden, etwas zu sagen. Der

Prozessmanager kann sie jedoch bitten, einladen und es ihnen durch offene Fragen ermöglichen, grundsätzlich Stellung zu beziehen.

Die Antworten werden stichwortartig auf dem Plakat gut lesbar mitvisualisiert. Es werden alle Beiträge aufgenommen. Die Ein-Punkt-Frage ist dann „beendet", wenn sich der nächste Schritt anbahnt. Das ist daran zu erkennen, wenn die Gruppe schon über die Themen spricht, die jetzt zu sammeln sind, über Lösungen diskutiert oder wenn keine Beiträge mehr kommen.

Warnung!!
Auf keinen Fall interpretiert oder bewertet der Prozessmanager die Ein-Punkt-Frage und die Beiträge und er gibt auch keine inhaltliche Zusammenfassung. Für die Ein-Punkt-Frage kann eine gleitende Skala, eine gestufte Skala oder ein Koordinatenfeld verwendet werden.

Eine gleitende Skala reicht z.B. von gar nicht zufrieden bis sehr zufrieden. Eine gestufte Skala geht z.B. von ++ bis ––. In einem Koordinatenfeld gibt es zwei Kriterien für die zu beantwortende Frage (x-Achse und Y-Achse). Gepunktet wird im Feld zwischen den Achsen. Alle vier Ecken müssen eine Bedeutung haben, die der Gruppe vorher erklärt werden.

Auf einen Blick:
- Absicht und Vorgehen erklären
- Frage vorlesen
- Punkte verteilen und kleben lassen
- Alle Aussagen mitschreiben

Fragen zu diesem Prozessschritt:

Erst allgemein:

Was sagt Ihnen dieses Bild?

Dann:

Welche Gründe gab es hierhin / dahin zu punkten?

Was steht an Meinungen hinter den Punkten in diesem Bereich?... und in diesem Bereich?

Am Schluss:

Ist alles dazu gesagt?

Möchte jemand noch etwas ergänzen?

4.3.2 Mehr-Punkt-Frage

Die Mehr-Punkt-Frage dient dazu, Einschätzungen der Teilnehmer zu Prioritäten, Dringlichkeiten und sinnvollen Bearbeitungsreihenfolgen von Themen transparent zu machen. Nachdem eine Themenübersicht hergestellt wurde, ist dies oft ein wichtiger nächster Schritt, bevor es in die Bearbeitung der Themen geht. Bei der Mehr-Punkt-Frage bringen die Teilnehmer ihre Einschätzungen mit Hilfe von Klebepunkten zum Ausdruck. Diese können direkt in den Themenspeicher zu den jeweiligen Themen geklebt werden.

Der Themenspeicher wird um zwei Spalten so ergänzt, dass zu jedem Thema ein Feld für Klebepunkte (kann gut mit einem Punkt gekennzeichnet werden) und ein Feld für die später zu ermittelnde Rangstelle hinzukommt.

Wichtig ist es jedoch zunächst, die richtige Bewertungsfrage zu finden. Sie soll für alle klar und deutlich sein, damit alle Teilnehmer nach dem gleichen Kriterium bewerten. Es ist nämlich ein Unterschied, ob die Teilnehmer entscheiden sollen „Was ist mein wichtigstes Problem?" oder „Welches Problem lässt sich am leichtesten lösen?" oder „Mit welchem Thema sollten wir beginnen?".

Da diese Frage so wichtig ist und für alle zum selben Zeitpunkt klar sein muss, wird sie auf eine Karte geschrieben und auf den oberen Rand des Themenspeichers gehängt. Die Anzahl der Selbstklebepunkte richtet sich nach der Anzahl der Themen. Jeder bekommt halb so viele Punkte wie Themen zur Auswahl stehen, also z.B. bei 14 Themen im Themenspeicher bekommt jeder Teilnehmer 7 Punkte.

Die Punkte werden im Speicher in die Spalte mit dem Punkt geklebt. Jeder Teilnehmer hat die Möglichkeiten, seine Punkte zu verteilen oder zu häufeln. Er kann damit ein breites Interesse an vielen Punkten oder ein starkes Interesse an wenigen Themen verdeutlichen.

Wenn alle Teilnehmer ihre Punkte geklebt haben, zählt der Prozessmanager vor der Gruppe die Punkte aus und ermittelt die Rangfolge. Der jeweilige Rangplatz wird in das dafür vorgesehene Feld eingetragen. Die Rangordnung ergibt sich aus der Zahl der Punkte. Um Verwechslungen mit der Ordnungsziffer am Anfang und der Zahl der Punkte zu vermeiden, werden die Ränge mit Großbuchstaben A, B.... in der Rang-Spalte gekennzeichnet. Das Thema mit den meisten Punkten erhält Rang A, das nächste ist auf Rang B u.s.w. Themen mit gleich viel Punkten bekommen den gleichen Buchstaben mit einer 1, 2 usw. (B1, B2). Falls vorgesehen ist, die Themen in Kleingruppen weiter bearbeiten zu lassen, werden zunächst soviele Buchstaben vergeben wie Kleingruppen möglich sind, bei einer Gruppengröße von 10 bis 14 Teilnehmer sind das etwa 3 bis 4 Kleingruppen. In diesem Falle werden also die Ränge A bis C oder D verteilt.

Durch die Mehr-Punkt-Frage werden also Rang- bzw. Reihenfolgen zur Bearbeitung der Themen festgelegt. Auf der sach-logischen Ebene wird festgelegt, mit welchem Thema, welchen Themen begonnen wird und was später folgen kann. Auf der psychologischen Ebene werden Wünsche, Ängste und Befürchtungen transparent und es werden die Koalitionen angelegt, die es später erlauben, zu Lösungen zu kommen.

Warnung!!
Für den Prozessmanager ist es leichter allparteilich zu sein, wenn er beim Kleben der Punkte nicht zuschaut und auch später beim Besprechen des Ergebnisses nicht einzelne Punkte identifizieren will: („Wer hat denn diesen Punkt hier geklebt?").

Auf einen Blick
- Frage auswählen nach Wichtigkeit, Dringlichkeit, Interesse oder Spaß (wenn das in unserer Arbeitswelt auch manchmal ein Fremdwort ist!!!)
- Frage visualisieren und vorlesen
- Für jeden Teilnehmer abgezählte Punkte verteilen (vorher zurechtschneiden), Punktzahl je Teilnehmer: ungefähr die Hälfte der Themen
- Punkte verteilen und kleben lassen, „Häufeln" zulassen
- Punkte auszählen
- Rangreihen vergeben mit A, B, C, ...

Fragen zu diesem Prozessschritt:

Ist die Frage klar?
Haben Sie das Verfahren verstanden?
Müssen wir noch was klären, damit Sie beginnen können?

4.3.3 Vernetzen

Beim Vernetzen geht es darum, die Einschätzungen der Teilnehmer über Zusammenhänge und Wechselwirkungen zwischen verschiedenen Themen transparent zu machen, um sinnvolle Rangfolgen für die Bearbeitung herauszufinden.

Dabei wird geklärt, welche Themen andere vorrangig beeinflussen, bzw. wo die Lösung eines Themas die Lösung eines anderen Themas beeinflusst. Es wird nach groben Beeinflussungen gesucht und nicht differenziert jede minimale Abhängigkeit gekennzeichnet.

Wenn ein Thema beispielsweise viele andere beeinflusst, ist es effizient, dieses Thema früh zu bearbeiten, weil viele andere Themen dann mit definiert sind und weniger sich widersprechende Lösungsideen erzeugt werden.

Ausgangspunkt für das Vernetzen ist die erfolgte Themensammlung beispielsweise nach einer der in Kapitel 4.1 beschriebenen Methoden.

Die Themen werden aus dem Themenspeicher auf größere Karten oder Überschriftsstreifen übertragen. Die konkrete Zuordnung erfolgt anschließend auf einem Plakat am Boden oder an der Stellwand und wird mit der Gruppe gemeinsam vorgenommen.

Zuerst werden die Themen, die in einem Sinnzusammenhang stehen und daher zusammen bearbeitet werden können, zu gemeinsamen Themenblöcken geclustert. Dann werden die 2-3 Themenblöcke, von denen wahrscheinlich die anderen stark abhängen, in die Mitte gelegt. Die Themen, die hauptsächlich von anderen Themen abhängen, werden an den Rand, die restlichen Themen werden dazwischen gelegt.

Wenn die Zuordnung klar ist, werden die Themen auf einem Plakat festgeklebt. Dann werden die Richtungen der Beeinflussung eingezeichnet. Dabei werden nur die groben oder starken Abhängigkeiten eingezeichnet. Manchmal sind auch gegenseitige Beeinflussungen, Wechselwirkungen zwischen den Themen vorhanden. Auch diese werden durch die Vernetzung deutlich.

Nach der Vernetzung wird deutlich, mit welchen Themen die Bearbeitung beginnen sollte. Es sind die Themen, von denen die meisten Pfeile ausgehen.

Die Vernetzung kann bei bis zu 15 Themen gut genutzt werden.

Bei der Klärung, wie die Themen aufeinander wirken, neigen Gruppen oft dazu, schon Lösungen zu diskutieren. Hier gilt es klarzustellen, dass die Methode der Transparenz über Zusammenhänge dient und die Bearbeitung in einem davon getrennten und methodisch anders gestalteten Schritt erfolgt.

Die optische Gestaltung auf einem Plakat hilft, die Zusammenhänge zwischen den Themen festzuhalten. Es wird abgesichert, dass kein vernetztes Thema isoliert von den anderen bearbeitet wird und verhindert, dass die Lösungen später nicht mehr zusammenpassen.

Auf einen Blick:

- Ähnliche Themen zusammenfassen
- „Hauptstrahler" in die Mitte, die anderen außen herum
- „Autobahnen" der Beeinflussung einzeichnen
- Das Thema markieren, von dem die meisten Pfeile ausgehen

Fragen zu diesem Prozessschritt:

Um Themen zusammenzufassen:

Welche Themen können zusammen bearbeitet werden?

Welche gehören thematisch zusammen?

Wo sind gemeinsame Lösungen möglich?

Zum Vernetzen:

Welcher Themenkomplex / welches Thema wirkt am meisten / häufigsten – und damit am aktivsten – auf andere?

oder

Welcher Themenkomplex / welches Thema beeinflusst andere?

Welches Thema strahlt am meisten auf andere?

Frage- und Antwortmethoden

Einschätzungen transparent machen

Methode	Wie es geht ...	
Blitzlicht	◆ Fragen stellen ◆ Spielregeln nennen ◆ Fragen wiederholen ◆ Blitzlicht nicht unterbrechen ◆ auf Einhaltung der Regeln achten ◆ nach Abschluss auf Störungen eingehen	Spielregeln - jeder spricht von sich - kein Kommentar oder Widerspruch - so kurz wie möglich, so lang wie nötig - jede/r sollte etwas sagen - die Leiter machen mit - wer anfängt, fängt an
Kreisgespräch	◆ klare Fragen stellen ◆ es spricht immer nur eine(r) ◆ keine Diskussionsleitung ◆ Dauer 30 - 60 Minuten	
Standpunkt beziehen	◆ Klare Frage stellen ◆ Teilnehmer beziehen schweigend Standpunkt ◆ Zeit lassen ◆ jede/r erläutert seinen Platz	

4.3.4 Blitzlicht

Das Blitzlicht dient dazu, Gedanken, Gefühle und Meinungen der Teilnehmer (und gegebenenfalls auch der Prozessmanager) transparent zu machen. Da diese häufig nicht verbal geäußert werden (können), laufen sie in vielen Gruppenprozessen unterschwellig mit oder werden auf der inhaltlichen Ebene mit der Aufforderung: „Jetzt lasst uns sachlich diskutieren!" Oder „Jetzt bleiben Sie doch mal sachlich!" unterdrückt. Und doch sind sie da und beschäftigen jeden in der gegenwärtigen Situation.

Das Blitzlicht bringt solche Stimmungen ans Licht. Es gibt jedem Teilnehmer und auch den Prozessmanagern die Gelegenheit, auf 1 bis maximal 3 Fragen zu antworten. Alle erhalten die Gelegenheit, sich zu beteiligen, nicht nur die „Vielredner" oder „Meinungsmacher". An- und ausgesprochen werden können emotionale Erwartungen an die Veranstaltung, an das Thema, an die aktuelle Situation. Es können Gefühle oder Stimmungen sein, die in einer Entscheidungssituation, bei einem Thema mitlaufen oder belastende, bedrückende Dinge, die mit der konkreten Situation zu tun haben oder aus vergangenen Situationen stammen, die angesprochen oder sogar bearbeitet werden müssen.

Die Fragen für das Blitzlicht müssen präzise und konkret formuliert sein.

Beispiele für Blitzlichtfragen sind:

Welche Gedanken und Gefühle haben mich beim Herkommen bewegt?

Wie geht es mir jetzt?

Was liegt mir auf der Seele in bezug auf diese Veranstaltung?

Wie war dieser Tag im Workshop für mich und wie gehe ich in den Abend?

Für das Blitzlicht gelten folgende Regeln

- Jeder spricht von sich und benutzt „ich" statt „man" oder „wir"
- Die Beiträge sollen kurz sein, es ist ein Blitzlicht und kein Flutlicht
- Bitte keine Diskussion oder Stellungnahmen zu den Aussagen der einzelnen
- Es wäre schön, wenn jeder etwas sagen würde
- Wer anfängt, fängt an

In Gruppen, denen diese Regeln neu sind, sollten sie visualisiert werden.

Die Reihenfolge der Wortergreifung geschieht nach freier Wahl der Teilnehmer. Die Prozessmanager beteiligen sich nur dann am Blitzlicht, wenn es z.B. um Äußerungen zum Prozess oder um Befindlichkeiten zum Tage geht. Sie nehmen nicht teil, wenn z.B. nach dem inhaltlichen Stand der Diskussion oder der Ergebnisse gefragt wird.

Um nicht in die Rolle des Meinungsführers zu kommen ist es gut, wenn die Prozessmanager sich erst am Schluss äußern.

Sollten durch das Blitzlicht Themen deutlich werden, die die weitere produktive Zusammenarbeit an den Themen behindern könnten, so muß nach Abschluss des Blitzlichts darauf eingegangen werden. Für den Prozessmanager heißt dies, nach diesem Transparenz-Schritt gegebenenfalls wieder eine Themenübersicht herzustellen, z.B. mit der Fragestellung: Was müssen wir jetzt besprechen, klären, um gut an unseren Themen weiterarbeiten zu können?

Auf einen Blick:

Funktion und Vorgehen dieses Schrittes erklären
Frage/n stellen
Spielregeln nennen
Frage/n wiederholen
Auf Einhaltung der Regeln achten
Eventuell nach Abschluss auf Störungen eingehen

Fragen zu diesem Prozessschritt:

Zu den Fragen:

Ist das Vorgehen klar?

Gibt es Verständnisfragen?

Nach dem Blitzlicht

Was heißt das jetzt für die weitere Zusammenarbeit, den nächsten Schritt, das weitere Vorgehen?

4.3.5 Kreisgespräch

Das Kreisgespräch erzeugt im wesentlichen eine Transparenz darüber, was eine Gruppe im Zusammenhang mit einem bestimmten Thema beschäftigt.

Um einer Gruppe zu ermöglichen, mal nicht „dreizeilig" und im Kartenformat zu diskutieren, bietet sich das Kreisgespräch an. Mit dieser Methode ist es möglich, ins Gespräch zu kommen, einander zuzuhören und die eigene Meinung einzubringen. Jedes Gruppenmitglied ergreift dann das Wort, wenn es für ihn/sie dran ist. Es gibt (ausnahmsweise) keinen Diskussionsleiter und es sollte immer nur eine Person reden. In dieser anderen Art von Struktur kann ein Thema bewegt, in verschiedene Richtungen gedacht und dies und anderes berücksichtigt werden. Der Prozessmanager kann mitdiskutieren oder sich heraushalten aus der Diskussion und setzt sich dann schweigend an die Seite.

Nach maximal einer Stunde wird ein Fazit gezogen. Nachdem nun Transparenz besteht über die Themen, die die Gruppe bewegen, kann der Prozessmanager mit einer anschließenden Fragestellung zu einer anderen Funktion überleiten, z.B. die wesentlichen oder neuen Gesichtspunkte einsammeln durch Fragen wie z.B.: „Welche Aspekte sind jetzt deutlich geworden?", „Was bedeutet der jetzige Stand für das Thema?", Welche nächsten Schritte sind jetzt anzugehen?".

Vor dem Start des Kreisgesprächs gibt der Prozessmanager eine klare Themen- oder Fragestellung vor, visualisiert sie eventuell und gibt die Spielregeln und die Dauer des Gesprächs bekannt.

Auf einen Blick
- Es gibt keine Diskussionsleitung
- Jeder spricht von eigenen Eindrücken, über eigene Erfahrungen
- Fazit ziehen
- Es spricht immer nur einer
- Dauer 30 – 60 Minuten

4.3.6 Standpunkt beziehen

Wie der Name sagt, dient diese Methode dazu, unterschiedliche „Standpunkte", also Meinungen, Einschätzungen, Stimmungen der Teilnehmer transparent zu machen. Die Teilnehmer werden bei dieser Methode gebeten, durch Aufstellung im Raum körperlich einen Standpunkt zu beziehen.

Dazu wird ihnen eine Frage gestellt, z.B.: „ Wie stark bin ich motiviert, in diesem Projekt mitzuarbeiten?" Dann sollen die Teilnehmer z.B. durch Nähe und Distanz zum Thema den Grad ihrer Motivation deutlich machen. Eine Karte mit einem Wort oder einem Symbol wird dazu auf den Boden gelegt.

Wir bitten die Teilnehmer schweigend ihren Platz zu finden, damit sich jeder auf seinen Standpunkt konzentrieren kann. Anschließend wird jeder gebeten, aus seinem Standpunkt heraus zu sagen, was ihn bewogen hat, sich dort hinzustellen. Wenn es nützlich ist, kann nun auch Transparenz darüber erfragt werden, welche Einschätzung es zu dem allgemeinen Standbild der Gruppe gibt.

Wir wenden diese Methode an, um Transparenz zu erzeugen. Hierbei beziehen wir den Körper mit ein, weil viele Menschen sich klarer ausdrücken können, wenn sie nicht nur kognitiv angesprochen werden, besonders dann, wenn das Thema auch die Beziehungsebene betrifft. Eine Meinung wird dadurch stärker und klarer ausgedrückt, als wenn sie nur über die Sprache vermittelt wird.

Die Fragestellung muss zu der am Boden verwendeten „Skala" passen. Sie können z.B. ein Thema in die Mitte legen und dann fragen: „Wie nah, wie fern bin ich dem Thema". Es ist auch möglich, eine gleitende Skala mit zwei Enden zu verwenden, z.B. wenig zuversichtlich...sehr zuversichtlich. Die Frage muss dann lauten: „Wie zuversichtlich sind Sie...?" Die Methode eignet sich auch für einfache Situationen, z.B. um zu Beginn einer Veranstaltung eine Transparenz darüber herzustellen, woher die Teilnehmer kommen. In diesem Falle können die vier Seiten des Raumes z.B. mit Nord, Süd, West, Ost gekennzeichnet werden.

Auf einen Blick:
- Klare Frage stellen
- Teilnehmer beziehen schweigend körperlich Standpunkt
- Zeit lassen
- Jeder erläutert seinen Platz

4.4 Kreative Alternativen

Neben den vorgestellten Methoden gibt es selbstverständlich eine Vielzahl weiterer Methoden und Vorgehensweisen, die der Prozessmanager nutzen kann, um bestimmte Funktionen für die Gruppe zu erfüllen. Am Markt sind unterschiedliche Methodenbücher und „Werkzeugkästen" für Moderatoren erhältlich. Jede dieser Methoden wird genau so gut funktionieren und von der Gruppe angenommen werden, wie klar ist, welche Funktion damit gerade erfüllt wird. Wenn die Teilnehmer verstehen, wozu es gut ist, welchen Nutzen sie also von einer bestimmten Methodik haben, dann sind sie in der Regel auch bereit, mitzugehen. Gleichwohl muss bei der Wahl der Methode die Erfahrung der Teilnehmer immer mit berücksichtigt werden.

Zuerst fragt sich also der Prozessmanager immer, was als nächstes im Prozess hilfreich ist, welche Funktion also erreicht werden soll. Dann formuliert er funktionsbezogen Fragestellungen an die Gruppe. Und schließlich wählt er eine der Fragestellung und der Gruppe angemessene Methode, um Antworten auf seine Frage zu generieren.

Wir haben die Moderationsmethoden in der Reinform vorgestellt. So enthalten sie nach unserer Erfahrung am wenigsten Fallstricke. Natürlich werden geübte Prozessmanager verschiedene Methoden kombinieren, improvisieren oder auch andere Methoden einsetzen. Dies wird auch aus den Beispielabläufen in Kapitel 6 deutlich. Beispielhaft führen wir im Folgenden einige weitere häufig verwendete Methoden auf.

Alle hier dargestellten Methoden haben eines gemeinsam: Sie werden als analoge Verfahren bezeichnet, d.h. Gefühle, Empfindungen, Befindlichkeiten zu einem Thema, einem Problem oder einer Situation werden mit Bildern, Symbolen verbunden und können so beschrieben werden. Im Gegensatz dazu stehen die digitalen Methoden, die uns ermöglichen, Gedanken, Überlegungen in Sprache und Worten auszudrücken. Beide Zugänge haben ihre Berechtigung. Werden sie beide nach ihren Vorteilen eingesetzt, ermöglichen sie für die inhaltliche Arbeit eine qualitative Bereicherung.

Für viele Menschen sind die hier beschriebenen Methoden ungewohnt und teilweise auch fremd. Sie müssen das vertraute Terrain, Themen analytisch, rational – digital - anzugehen, für einen Moment verlassen. Ihren Widerstand drücken sie aus, indem sie die Methode lächerlich machen. Äußerungen sind dann oft, dass die Methode nicht zum Ziel führt und sie als Erwachsene schließlich nicht im Kindergarten seien. Gerne wird auch das Thema „Zeit" als Gegenargument eingebracht.

Hier ist eine Möglichkeit, die Gruppe einzuladen, diesen Schritt auszuprobieren und anschließend über die gemachten Erfahrungen zu sprechen.
Zum anderen können folgende Fragen helfen, die richtige methodische Entscheidung für eine Gruppe, die Situation und das Thema zu treffen:

Wie gut kennen Sie die Gruppe, mit der Sie das tun wollen?
Mit welchen Widerständen müssen Sie rechnen? Haben Sie genug Standing, mit den Widerständen umzugehen?

Sind Sie selbst von der Methode positiv überzeugt?
Wie ist die Unternehmenskultur, lässt sie so etwas zu, oder ist genau das ein anzugehender Entwicklungsschritt?

Kennen wir eine Gruppe noch nicht, sind wir mit diesen methodischen Verfahren eher vorsichtig. Erst wenn sich genug Vertrauen zwischen Prozessmanager und Gruppe bilden konnte, die ModerationsMethode bekannt ist und sie jetzt eine Ergänzung brauchen könnte, setzen wir diese Methoden ein.

4.4.1 Collagen

Mit Hilfe von Collagen können Themenübersichten entstehen oder Einschätzungen transparent gemacht werden.

Mit den verschiedenen Kartenformen, Klebepunkten, mit Scheren und Klebestiften lassen sich Collagen gestalten. Vielleicht finden sich auch noch einige Zeitschriften und Zeitungen. Eine Collage kann z.B. eingesetzt werden, um zu Beginn einer Veranstaltung die Erwartungen der Teilnehmer transparent zu machen.
Dazu bekommt die Gruppe eine oder mehrere Fragen, z.B.:
Wie ich mir das Arbeiten in dieser Veranstaltung vorstelle....
Was ich mir wünsche...
Von mir selbst...
Von der Gruppe...

Von den Leitern...
Und worauf ich gut verzichten kann diese Woche....

Die Arbeitsanleitung, ist z.B.:
- zu dritt in Kleingruppen austauschen
- ein Plakat mit einer Collage erstellen
- im Plenum vorstellen

Damit die Phantasie beflügelt wird, brauchen die Teilnehmer Material in Hülle und Fülle, je Kleingruppe 1 – 2 Scheren und Klebestifte. Eventuell Beispiele als Starthilfe zu Beginn anbieten. Die Collagen werden in kleinen Gruppen von 2 bis 5 Teilnehmern erstellt. Angemessen ist eine Arbeitszeit von 20 – 40 Minuten.

Anschließend werden die Ergebnisse der Kleingruppen im Plenum präsentiert. Wichtig ist, dass dieser Prozessschritt ohne Werten und Urteilen ablaufen kann. Danach folgt der nächste Prozessschritt, z.B. eine Themenübersicht abzuleiten, etwa: Worauf wollen wir in dieser Woche achten?

4.4.2 Bild malen

Eine Variante zur Collage ist, ein Bild malen zu lassen. Hierfür benötigt man Filzstifte, Buntstifte und/oder Wachsmalstifte, Packpapier und/oder Flipcharts. Hier ist es von Vorteil, wenn die Teilnehmer eine große Auswahl von Stiften zur Verfügung haben. Als Arbeitszeit für die Kleingruppen sind 20 - 40 Minuten angemessen.

Die Gruppe bekommt eine oder mehrere Fragen und einen Arbeitsauftrag.

Beispiel:
Überschrift: Reflexion unsere bisherigen Zusammenarbeit
Frage: Wie habe ich unsere Arbeit im/als Führungsgruppe in den letzten Wochen/Monaten erlebt?

Arbeitsanleitung:
- Jeder bringt seine persönlichen Erfahrungen ein
- In Kleingruppen austauschen und
- Ein gemeinsames Bild erstellen
- Gegenseitig im Plenum vorstellen

Wichtig ist hier der Hinweis, dass niemand „gut" oder „schön" oder ein Kunstwerk malen muss, sondern dass gut mit Strichmännchen oder abstrakt dargestellt werden kann. Für viele Menschen bedeutet „Bild malen" eine Erinnerung an den Zeichen- und Kunstunterricht in der Schule, der nicht immer in positiver Erinnerung ist.

Anschließend werden die Ergebnisse der Kleingruppen im Plenum entweder von den „Machern" vorgestellt oder die anderen Teilnehmer assoziieren dazu: ihre Eindrücke, Gedanken und Empfindungen, Wichtig ist, dass dieser Prozess-Schritt ohne Be-Wertungen und Vor-Urteile stattfinden kann.

Anschließend können auch hier wieder Themen aus den Bildern identifiziert werden, d.h. es geht mit einer Themensammlung weiter.

4.4.3 Improvisationstheater

Eine weitere Variante zu Collagen oder Bildern ist es, die Teilnehmer spontan eine kleine Szene spielen zu lassen.

Z.B. könnten Auszubildende auf die Frage: „Szenen einer Ausbildung in unserem Unternehmen" spontan ihre Eindrücke in Form von Spielszenen, Pantomimen, Skulpturen, etc. ausdrücken. Dadurch werden Stimmungen und Energien besonders deutlich.

Wichtig ist auch hier, den Schritt in den Gruppenprozess einzubinden, also z.B. anschließend gemeinsam die Themen zusammentragen, die aus den Spielszenen deutlich wurden. Eine mögliche Fragestellung hierfür ist: „Welche Wünsche, Bedürfnisse werden aus den Szenen deutlich?"

Wie bei allen Methoden ist auch hier darauf zu achten, welche Erfahrung die Teilnehmer mit solchen kreativen Methoden haben und ob die „Zumutung" nicht zu groß ist.

4.4.4 Symbole, verbunden mit Blitzlicht

Auch durch die Verwendung von Symbolen in Verbindung mit einem Blitzlicht können Einschätzungen transparent gemacht werden. Dabei werden, wie beim Blitzlicht, eine oder mehrere Fragen gestellt. Das kann z.B. zu der momentanen persönlichen Stimmung, zur Arbeitsstimmung oder zu den Erwartungen sein oder am Ende einer Lernveranstaltung können die Fragen gestellt werden:
„Was nehme ich aus dieser Veranstaltung mit"?
„An was möchte ich mich in den nächsten Wochen erinnern"?

Jeder Teilnehmer findet einen Gegenstand aus dem Arbeitsraum oder dem Moderationskoffer als Symbol für seine Antwort auf die Fragen. Manchmal kann es Sinn machen, dass der Gegenstand tatsächlich mitgenommen werden kann, als Erinnerungsanker. Ob die Gegenstände mitgenommen werden können, darüber muss sich der Prozessmanager vorher klar sein. Es könnte sonst eventuell unangenehme Überraschungen für die Prozessmanager und das Seminarhotel geben.

Zum Finden der Symbole benötigen die Teilnehmer 5 – 15 Minuten Zeit. Sind alle Teilnehmer mit ihrem gewählten Symbol zurück, erfolgt die Aufforderung, dass jeder sein Symbol erklärt: Was es bedeutet, wofür es steht, an was es erinnern soll.

Dann werden die Blitzlichtregeln bekannt gegeben:
- Jeder spricht von sich
- So kurz wie möglich, so lang wie nötig
- Keine Diskussion, Kommentare
- Es wäre schön, wenn jeder was sagen würde
- Irgend jemand fängt an und dann macht irgend jemand weiter

Anschließend folgt eventuell der nächste Prozessschritt.

4.4.5 Fotos, Bilder

Anstelle von Symbolen können natürlich auch Fotos oder Bilder genutzt werden, um Einschätzungen transparent zu machen. Eine entsprechende Transparenzfrage könnte z.B. lauten: In welcher Arbeitsstimmung gehen Sie in den heutigen Tag?

Bilder aus Zeitschriften, Kunstkarten etc. werden auf dem Fotokopierer vergrößert und zur besseren Handhabung eventuell in Folien eingeschweißt. Für eine Gruppengröße von 10 Teilnehmern braucht man ca. 20 bis 30 Bilder, um eine vielfältige Auswahl zu haben. Wichtig ist hier, Zeit zum Finden eines Bildes zu lassen, das kann bis zu 7 – 8 Minuten dauern. Wollen zwei Teilnehmer das gleiche Bild, dann nimmt erst der eine und dann der andere es in die Hand und erklärt, was es jeweils für ihn bedeutet. Haben alle Teilnehmer ihr Bild gewählt, ist die Aufforderung, dass jeder sein Bild erklärt: Was es bedeutet, wofür es steht.

Dann werden die Blitzlichtregeln bekannt gegeben:
- Jeder spricht von sich
- So kurz wie möglich, so lang wie nötig
- Keine Diskussion, Kommentare
- Es wäre schön, wenn jeder was sagen würde
- Irgend jemand fängt an und dann macht irgend jemand weiter

Sollen die Bilder in den nächsten Stunden als „Erinnerer" wirken, können sie für diese Zeit noch in Blicknähe stehen oder liegen bleiben. Da „Erinnerer" ihre Wirkung mit der Zeit verlieren, ist es gut, sie dann auch wieder zu entfernen.

Anschließend folgt eventuell der nächste Prozessschritt.

4.4.6 ABC Spiel

Das ABC-Spiel organisiert eine Bearbeitung als spielerische Variante, z.B. in Lernveranstaltungen zum Verarbeiten von vermittelten Inhalten.

Nehmen wir als Beispiel das ABC des Prozesse managens. Die Buchstaben des Alphabets werden von den Prozessmanagern auf kleine Scheiben geschrieben. Die Gruppe teilt sich in Kleingruppen auf, jede Kleingruppe wählt eine Anzahl von Scheiben entweder verdeckt oder offen aus. Zu jedem gewählten Buchstaben wird mindestens ein Wort gefunden, das mit den Lerninhalten, dem Thema zu tun hat und mit dem jeweiligen Buchstaben auf der Scheibe beginnt.
Beispiel: A wie aktivieren, K wie Kartenfrage, F wie Filzstifte.
Kreative Wortspielereien sind zugelassen und die alte und neue Rechtschreibweise spielt keine Rolle!!! Gerade bei den Buchstaben X und Y sind der Phantasie keine Grenzen gesetzt und der Unterschied zwischen G und K ist auch nicht so genau zu nehmen.

Sind die Kleingruppen mit dieser kreativen Arbeit zu Ende, werden die Ergebnisse im Plenum in alphabetischer Reihenfolge vorgestellt.

4.4.7 Memory

Zum Verarbeiten von Lerninhalten kann alternativ ein Memory-Spiel eingesetzt werden.

Als Memory-Karten werden Moderationskarten zur Hälfte geknickt und zusammengeklebt. Auf die eine Seite wird je eine Frage geschrieben, z.B.: Was ist die Funktion von Transparenzfragen, oder: Wozu dient die Kartenfrage, oder: Nach welchen Kriterien können Kleingruppen sich finden?

Zudem werden je 5 Karten z.B. mit Enten und Segelschiffen bemalt. Die Menge der Karten mit den Fragen richtet sich nach dem Umfang der vermittelten Lerninhalte. Insgesamt kann so ein Set aus 49 Karten entstehen: 39 inhaltliche Fragen, 10 mit den Symbolen.

Die Gruppe teilt sich in Kleingruppen (je 4 bis 6 Teilnehmer) auf. Jede Kleingruppe hat ein Set von Karten. Sie werden von den Prozessmanagern verdeckt auf den Tisch oder Boden gelegt, sortiert in Reihen oder unsortiert. Die Kleingruppe setzt sich drum herum. Ein Mitglied zieht eine Karte und deckt sie auf, gemeinsam werden die Antworten gefunden. Welche Kleingruppe zuerst entweder alle Fragen beantwortet oder alle Enten und Segelschiffe gefunden hat, ist Sieger.

4.4.8 Angler-Spiel

Das Angler-Spiel ist eine Variante zum Memory und dient ebenfalls zur Verarbeitung von Lerninhalten.

Auch hier werden Fragen aus den Lernthemen auf Moderationskarten oder kleine runde Scheiben geschrieben. Die Fragen können durch kleine sportliche Übungen (alle Mitglieder müssen 10 x auf einem Bein hüpfen oder 5 – 10 Liegestütze machen) aufgelockert werden. Zudem können witzige oder „allgemeinbildende" Fragen aufgeschrieben werden und darunter gemischt werden.

Aus einem Holzstab, einer Schnur und einem kleinen Magneten wird eine Angel gebastelt. Jede Karte wird mit Heftklammern versehen, damit der Magnet einen Anziehungspunkt hat. Das Plenum teilt sich in Kleingruppen auf, Größe bis zu 6 - 8 Personen. Jede Kleingruppe erhält ein Set mit Karten und eine Angel. Eine Person angelt eine Karte, die Kleingruppe findet zusammen die Antwort. Nach 15 – 20 Minuten wird das Spiel angehalten, die beantworteten Fragen gezählt und die Kleingruppe mit den meisten Antworten hat gewonnen.

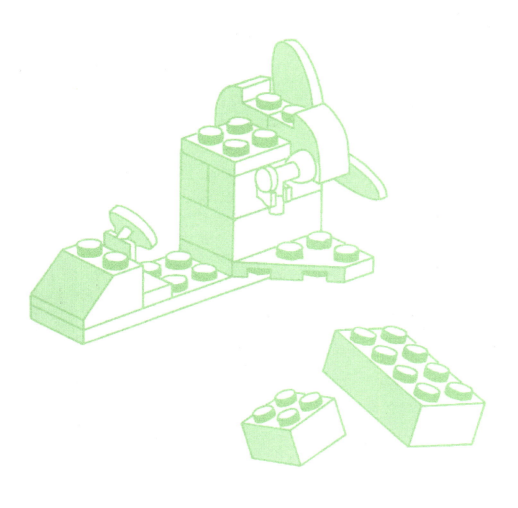

Kapitel 5
Vorbereitung eines Prozesses

5 Vorbereitung eines Prozesses

Alle Funktionen, Fragen und Methoden nützen dem Prozessmanager (und der Gruppe) nichts, wenn sie nicht gemäß der Themenstellung, den Beteiligten und dem Umfeld, in das der Prozess eingebunden ist, kombiniert und eingesetzt werden. Um eine produktive und erfolgreiche Zusammenarbeit inszenieren zu können, muss der Prozessmanager zuvor einige Dinge klären.

5.1 Den Auftrag klären

Jede Veranstaltung bzw. jeder Prozess hat einen Anfang. Durch ein persönliches Gespräch oder einen telefonischen Kontakt wird ein Auftrag erteilt, einen Prozess zu managen. Um sicher zu stellen, dass die geplante Veranstaltung für die Prozessmanager und für die Teilnehmergruppe erfolgreich verläuft, gilt es im Vorfeld eine Reihe von Fragen zu klären, die für die Situationsbeschreibung und für die Ablaufplanung sehr hilfreich sind.

Oft genug scheint allen Beteiligten - also Auftraggeber, Prozessmanager und Teilnehmern - sonnenklar zu sein, worum es gehen soll und wozu man sich zusammengefunden hat. Doch dann stellt sich im Verlauf der gemeinsamen Arbeit heraus, dass an den unterschiedlichsten Stellen Irritationen, Störungen oder Konflikte auftreten, die bei näherer Betrachtung auf mangelnde Auftragsklärung, unklare Zielvereinbarungen oder ungünstige Rahmenbedingungen zurückzuführen sind.

Also: Kein Auftrag ist so klar, dass er nicht noch ein paar Präzisierungen gebrauchen könnte.

Die nachfolgenden Fragen sollen als Checkliste dienen, mit denen der Prozessmanager überprüfen kann, welche Informationen für die geplante Veranstaltung relevant sind, und an welcher Stelle der Vorbereitung - also in der Auftragsklärung, in der Ablaufplanung oder zu Beginn der Arbeit mit der Gruppe - sie geklärt werden müssen.

Die Fragen stellen keine Bearbeitungsreihenfolge dar, sondern sie sind vielmehr ein Angebot zur Vermeidung von möglichen Stolpersteinen. Sie zielen auf die 3 Blickwinkel: Das Thema, die Klienten/Betroffenen und das Umfeld der Klienten.

Fragen für die Auftragsklärung

Blickwinkel Thema

- Was ist der Anlass für die Veranstaltung, die Besprechung, das Training?
- Was ist das formale Ziel der Veranstaltung?
  Erfahrungs- oder Informationsaustausch, Problembewusstsein schaffen, Lösungsideen entwickeln, erste Schritte vereinbaren
- Gibt es eventuell ein inhaltliches Ziel?
- Was ist zu dem Thema schon passiert?
- Was wissen die Teilnehmer über das Thema?
  Vorwissen, Hintergrundwissen, Fachwissen
- Welche Sachkonflikte können auftreten?
- Wer muss an der Bearbeitung dieses Themas auf Grund seiner inhaltlichen Kompetenz beteiligt werden?

Blickwinkel Klient

- Wer ist der Auftraggeber? Welche Interessen hat er? Welche Unterstützung ist von ihm zu erwarten?
- Wie hoch ist der Veränderungsdruck (Feuer löschen oder Brandvorsorge)?
- Wer sind die Teilnehmer an der Veranstaltung? Aus welchem(n) Bereich(en) kommen sie?
- Wie ist die Gruppe zusammengesetzt? (hierarchisch, fachspezifisch, Interesse am Thema)
- Was weiß ich über die Ziele, Absichten, Erwartungen der Gruppe?
- Welche (Entscheidungs-)Kompetenz, welchen Entscheidungsspielraum hat die Gruppe?
- Welche Beziehungskonflikte können auftreten?
- Welche „Leichen" liegen im Keller?
- Welche Erfahrungen haben die Teilnehmer mit den geplanten Methoden?

Blickwinkel Umfeld

- Welche Bereiche, Gremien, Organisationseinheiten sind vom Thema noch betroffen?
- Welche Interessen gibt es dort?
- Wie muss das Umfeld/Teile davon eingebunden werden?
- Wie werden die Lösungen in das Umfeld der Teilnehmer, der Abteilung eingebettet?

5.2 Phasen im Prozess

Jeder Gruppenprozess unterliegt einem bestimmten Spannungsbogen, der sich in vier Phasen aufgliedern lässt. Diese Phasen bekommen, je nach Thema, Gruppe und Umfeld, eine unterschiedliche Betonung und Dauer. In jeder Phase müssen die drei Blickwinkel Thema, Klient und Umfeld berücksichtigt werden.

Phase 1: Anwärmen

So, wie ein Sportler sich physisch und mental aufwärmt, um in Trainingseinheiten oder im Wettkampf die bestmögliche Leistung zu erbringen, so muss auch der Prozessmanager sich anwärmen, sich innerlich auf die Menschen und ihr Thema einstellen. Mit welcher Haltung tritt er der Gruppe gegenüber, wie offen ist er für alle Meinungen, wie sympathisch ist ihm die Gruppe, mit wie viel Lust und Leidenschaft ist er dabei? Also, mit welchen Gedanken und Gefühlen geht er in die Veranstaltung. Das alles wird sich auf die Art und Weise der Begrüßung und der ersten methodischen Schritte auswirken.

Und auch eine Gruppe von Menschen muss sich inhaltlich und atmosphärisch auf die gemeinsame Arbeit einstimmen können. Der oder die Prozessmanager sorgen an dieser Stelle im Prozess dafür, dass die Teilnehmer miteinander und mit dem Thema in Kontakt kommen, dass ihre Bereitschaft gefördert wird, miteinander zu kommunizieren und zu arbeiten, auch - und gerade wenn die Stimmung eher konfliktgeladen ist.

Die Art und Weise, wie der Raum gestaltet ist, wie der Prozessmanager die Gruppe begrüßt, wie die ersten Visualisierungen vorbereitet sind, dienen als Modell und Orientierung, in welchem Klima die gemeinsame Arbeit stattfinden wird. Selbst wenn der Zeitrahmen noch so knapp ist, ist es wichtig, transparent zu machen, wer alles im Raum ist und mit welchen Erwartungen die Teilnehmer gekommen sind. Und es ist ebenso wichtig, die Ziele der Veranstaltung mit diesen Erwartungen abzugleichen. An dieser Stelle nämlich kann es passieren, dass die Gruppe noch einige Informationen braucht, um Sinn und Zweck der gemeinsamen Arbeit zu verstehen. Dazu gehört z.B. auch die Klärung der Rolle des Prozessmanagers.

Phase 2: Orientieren

In dieser Phase geht es darum, ein Thema mit allen seinen Aspekten aufzufächern und seine Bedeutung für das System ins gemeinsame Bewusstsein zu bringen. Dazu ist es wichtig, dass die Teilnehmer die unterschiedlichen Sichtweisen und Gewichtungen der Themenaspekte ohne Zensur zusammentragen und die verschiedenen Meinungen dazu als Anregung für die Diskussion statt als Störfaktoren begreifen können. Obwohl es an dieser Stelle noch nicht darum geht, auf einen Konsens hinzuarbeiten, ist es doch nötig, die einzelnen Aussagen so zu konkretisieren, dass alle verstehen, was genau damit gemeint ist.

Auch auf der psycho-logischen Ebene finden die Teilnehmer Orientierung: in dieser Phase entscheiden sie (oft unbewusst), wie offen sie ihre Meinungen und Sichtweisen einbringen wollen (und dürfen), wie sehr sie sich bei der Arbeit an den Themen engagieren möchten, kurz welche Rolle sie im weiteren Prozess spielen werden. Auch hier dient das Verhalten des Prozessmanagers als Modell. Die Teilnehmer registrieren sehr genau, ob alle Beiträge gleichermaßen (allparteilich) aufgenommen werden, oder ob einzelne Teilnehmer beispielsweise bevorzugt werden.

Da sich alle Teilnehmer an der Erstellung dieser Themenlandschaft beteiligen, können sie auch ihren spezifischen Punkt des Engagements finden. Das erhöht zwar die Komplexität, doch nachher bei der Bearbeitung können sie sich mit ihrem Beitrag wieder finden und Verantwortung für die Resultate übernehmen.

Die Versuchung in dieser Phase besteht immer wieder darin, die einzelnen Aspekte gleich zu diskutieren, auf Lösungsqualität hin zu untersuchen oder sogar gleich in die Konstruktion der Lösung zu gehen. Dieser Versuchung zu widerstehen, ist für die Gruppe nicht einfach. Deshalb muss der Prozessmanager hier besonders wertschätzend mit dem Eifer und der Ungeduld der Teilnehmer umgehen und immer wieder die Funktion des Schrittes deutlich machen.

Wenn schließlich alle Themen bzw. Themenaspekte in einem Themenspeicher verdichtet sind, hat die Gruppe einen roten Faden, an dem entlang sie ihren Diskussionsprozess organisieren kann. Über die Vernetzung oder Bewertung der Themen gelangt man zu einer sinnvollen Reihenfolge, um die Themen weiter zu bearbeiten. Gleichzeitig wird auch transparent, ob die für die Bearbeitung erforderlichen Kompetenzen und Entscheidungsspielräume in der Gruppe vorhanden sind.

Phase 3: Bearbeiten

Hier nun findet die eigentliche inhaltliche Arbeit an den Themen statt. Damit es einen intensiven Kommunikationsprozess zwischen den Teilnehmern geben kann, wird in der Regel das Plenum in Kleingruppen aufgeteilt. So kann jeder mit jedem Kontakt aufnehmen und alle kommen zu Gehör, wenn es darum geht, Argumente auszutauschen, unterschiedliche Meinungen und Widersprüche sichtbar zu machen, Kontroversen auszutragen und Lösungsideen zu entwickeln.

Für die Teilnehmer ist es wichtig zu wissen, dass sie in den Kleingruppen Lösungen oder Entscheidungen andenken, nicht fertig denken. Erst wenn dann die einzelnen Teilergebnisse im Plenum wieder zusammengeführt werden, wird die jeweilige Lösung oder Entscheidung zu Ende diskutiert. So wird sichergestellt, dass sich alle mit dem Ergebnis identifizieren können.

Während der Kleingruppenarbeit braucht der Prozessmanager nicht in den Diskussionsprozess einzugreifen, es sei denn, eine Gruppe wünscht sich seine Unterstützung, weil sie sich in einem Thema verhakt hat.

Bei der Gestaltung der Kleingruppenszenarien wie auch der Plenumsequenzen ist es einerseits wichtig, dass der Diskussionsprozess nachvollziehbar mitvisualisiert wird. Andererseits muss der Prozessmanager in dieser Phase besonderes Augenmerk darauf richten, wie sich die Energie der Gruppe entwickelt.

Manchmal verlieren die Teilnehmer vor lauter Euphorie über das Erreichte die Realität und die Realisierbarkeit aus den Augen. Und manchmal wird einer Gruppe in dieser Phase klar, was der eingeschlagene Weg für sie an (Mehr-)Arbeit bringen wird. Manche Lösungen erweisen sich als nicht kompatibel mit dem Unternehmensumfeld, und manche Entscheidungen bedeuten Abschied nehmen von liebgewordenen Überzeugungen. Hier gilt es, besonders gut in Kontakt mit den einzelnen Teilnehmern zu bleiben und ihre jeweiligen Bemühungen - mögen sie zum Erfolg führen oder nicht - zu wertschätzen. Und dafür zu sorgen, dass die „Veränderer" und die „Bewahrer" Verständnis füreinander aufbringen können.

Das heißt für den Prozessmanager, sich eine ganze Weile im quasi strukturleeren Raum zu bewegen und sehr intensiv auf die eigene Wahrnehmung angewiesen zu sein.

Wenn die Qualität und die Akzeptanz der Ergebnisse für die Gruppe befriedigend ausgefallen sind, muss die Planung der Umsetzung in großer Ruhe vonstatten gehen können. Der Prozessmanager sollte hier den Blick auch auf die Einbettung der erarbeiteten Lösungen in das Umfeld der Teilnehmer richten. Wer wird von der ins Auge gefassten Lösungsvariante noch betroffen sein, und wie können die Betroffenen angemessen beteiligt werden?

Hier aus Zeitmangel Druck zu machen, ist eher kontraproduktiv, da es für die einzelnen Teilnehmer nun darum geht, sich zu engagieren und Verantwortung für einen nächsten Schritt zu übernehmen. Ganz gleich, ob als Ergebnis eine Maßnahme oder eine Vereinbarung herauskommt: ob ein Vorhaben eine Chance hat, in der Alltagsroutine zu „überleben", hängt davon ab, welche zeitlichen und energetischen

Kapazitäten der jeweils Verantwortliche dafür frei zu machen bereit und in der Lage ist.

Im Verlauf der Bearbeitungsphase muss die Gruppe auch klären können, was mit den nicht oder nicht vollständig behandelten Themen geschieht und wie und wo eine Weiterbearbeitung organisiert werden kann.

Phase 4: Abschließen

Für diese Phase noch genügend Zeit zu haben, ist die Kunst eines gut geplanten Ablaufs. Um auch hier wieder das Bild vom Sportler zu bemühen: kein Athlet geht nach seiner sportlichen Leistung zur Tagesordnung über, ohne sich durch Auslaufen, Austrudeln o.ä. wieder „abzukühlen". Auch für eine Gruppe in einem Veränderungsprozess ist es wichtig, dass sie sehr bewusst ihre Arbeit miteinander beendet, indem sie den Verlauf und das Ergebnis noch einmal reflektiert. Aussagen zur Zufriedenheit aber auch Kritik gehören an den Ort des Geschehens, nicht in die nähere oder fernere Umgebung. Durch die unterschiedlichen Einschätzungen der Veranstaltung lassen sich einzelne Meinungen darüber relativieren. Die Aussagen dazu bleiben so in der Verantwortung des Einzelnen und werden nicht zum Pauschalurteil.

Eine weitere Funktion dieser Phase ist es, die im Verlauf des Prozesses gewonnenen Einsichten und getroffenen Vereinbarungen mit in den Alltag transportieren zu können, ihnen quasi einen Energieschub mit auf den Weg zu geben. Unter dem Blickwinkel Umfeld wird geklärt, welche Ergebnisse in welcher Form an wen im Umfeld veröffentlicht werden sollen.

Prozessphasen und Blickwinkel

1. Anwärmen

Thema

- Ziele des Treffens klären
- Teilnehmer ins Thema führen, Orientierung ermöglichen
- Einschätzung über Wichtigkeit, Relevanz, Komplexität verschaffen
- einschätzen, ob genug und passendes Fachwissen zur Verfügung steht

Klient

- ankommen und vertraut werden
- Erwartungen und Wünsche klären
- in Kontakt kommen und zueinander finden
- Bereitschaft zur Zusammenarbeit erlangen
- Neugier und Einsicht wecken
- Verantwortlichkeiten vereinbaren, Rollen klären

Umfeld

- Orientierung über Rahmenbedingungen, Anlass der Zusammenkunft finden
- Vorgeschichte des Themas transparent machen

2. Orientieren

Thema

- Themen, Aspekte, Infos, Meinungen sammeln, ordnen und verdichten
- Erfahrung der Teilnehmer präsent machen
- Übersicht über die Themenlandschaft und die Vernetztheit der Themen herstellen
- die weiteren Schritte zur Bearbeitung klären und vereinbaren

Klient

- Vielfalt von Meinungen und Verständnis für andere Sichtweisen ermöglichen
- Problembewusstsein erzeugen
- die Komplexität zulassen
- Motivation zur weiteren Bearbeitung wecken
- Vertrauen in Leitung und Kooperation herstellen

Umfeld
- Zuständigkeit für die weitere Bearbeitung klären
- Bedeutung der anstehenden Arbeit fürs Gesamtsystem verdeutlichen

3. Bearbeiten

Thema

- Themen durchleuchten, Ursachen & Hintergründe klären
- Lösungs-/ Klärungsmöglichkeiten entwickeln und zu einem Lösungskonzept verarbeiten
- Möglichkeiten und Grenzen der Umsetzung prüfen
- Konsequenzen der Veränderungen, Hindernisse, Alternativen usw. diskutieren
- Umsetzungsschritte und -Umfang entscheiden
- Realisierung / Anwendung vorbereiten, verteilen, vereinbaren und freigeben

Klient
- Zusammenarbeit erleben: Umgang mit Lust und Frust
- Beteiligung nach Kompetenz und Neigung ermöglichen
- Übernahme von Macht und Verantwortung fördern
- sich mit bestimmten Lösungen identifizieren und sich-wieder-lösen-können
- sich motivieren, sich kritisieren, sich bestätigen, sich gut finden, sich korrigieren...

Umfeld
- Betroffene Gruppen / Personen identifizieren und angemessene Beteiligung planen
- Konsequenzen der Veränderung für das Umfeld / Nachbarsysteme analysieren und einarbeiten
- Reaktionen / Feedback von Beteiligten und Betroffenen abholen und einarbeiten
- für angemessene Umsetzungsgeschwindigkeit und -Intensität sorgen
- Realisierungs-Kooperationen starten (Projekt, Linie)

4. Abschließen

Thema

- Weiterarbeit an offenen Themen sichern
- Ergebnisse einschätzen, bewerten
- Nutzen / Wirkung im Vergleich zur Erwartung einschätzen

Klient
- Zufriedenheit mit dem Verlauf transparent machen
- sich würdigen, sich belohnen
- einschätzen und bewerten der Atmosphäre und der Arbeitsbeziehungen
- sich aus der Verbindung entlassen und verabschieden

Umfeld
- Ergebnis und Ende der Arbeit bei den Betroffenen veröffentlichen
- auf Zeit übernommene Verantwortlichkeiten zurückgeben

5.3 Planung einer Veranstaltung

Wenn die Vorfragen geklärt sind, gilt es die geplante Veranstaltung in einen Ablauf zu bringen, der vom Einstieg bis zum Abschluss einem von Ziel und Dauer abhängigen Spannungsbogen folgt.

Damit sorgt man dafür, dass die Menschen sich - ihren Bedürfnissen und Fähigkeiten entsprechend - auf den Prozess einlassen und die anstehenden Themen Schritt für Schritt und in einem angemessenen Rahmen bearbeiten können.

Als Rahmen für die Ablaufplanung bieten sich die vier Phasen des Gruppenprozesses an. Phase für Phase wird nun unter folgenden Fragestellungen vorbereitet:
1. Was soll in dieser Phase bewirkt, erreicht werden (Funktionen beschreiben)?
2. Welche Fragestellungen oder welcher Input dient dazu, diese Funktionen zu erfüllen?
3. Welche methodischen Schritte sollen genutzt werden, um die Fragen zu beantworten bzw. die Inhalte zu vermitteln?
4. Wieviel Zeit werden die jeweiligen methodischen Schritte in etwa in Anspruch nehmen?

Ein Tipp zum Vorgehen:
Häufig planen wir die Phase „Anwärmen" erst, nachdem wir einen Überblick über den weiteren Verlauf der Veranstaltung gewonnen haben. Da die Anwärmphase dazu dient, die Gruppe für die anstehenden Themen und Vorgehensweisen arbeitsfähig zu machen, ist es für die Planung hilfreich, wenn man hierüber schon eine Vorstellung hat.

Wenn Sie mit dem Prozesse managen beginnen, empfehlen wir Ihnen, die gesamte Veranstaltung zu planen. Haben Sie Erfahrungen damit gesammelt und fühlen sich zunehmend sicherer, reicht es, Anwärmen, Orientieren und eventuell Abschließen zu planen. Die Phase Bearbeiten wird aus dem Prozess heraus gestaltet, wenn der Themenspeicher o.ä. steht.

Der folgende „Regieplan" kann genutzt werden, um einen konkreten Ablauf zu planen. In die Wer-Spalte können Sie die jeweils aktive Person eintragen, falls der Ablauf von mehreren Personen gestaltet wird.

Regieplan:

5.3.1.1	Was soll erreicht werden?	mit welchen Fragen / mit welchem Input?	wie?	wie lange?	wer ?

Kapitel 6
Beispiele für Prozessabläufe

6 Beispiele für Prozessabläufe

Das folgende Kapitel bildet das Kernstück dieses Buches: hier beschreiben wir Ihnen Beispiele von Abläufen, die wir selbst durchgeführt haben, die also aus unserer täglichen Praxis kommen.

Damit wollen wir nicht sagen, dass man diese Prozesse nur so und nicht anders strukturieren kann. Die Abläufe stellen vielmehr eine von mehreren Möglichkeiten dar. Denn auch wir fragen uns in einem laufenden Prozess immer wieder: was ist jetzt hilfreich, wofür muss ich jetzt etwas tun. Die dargestellten Prozessabläufe waren in der jeweiligen Situation mit den jeweiligen Themen und Menschen in ihrem Umfeld angemessen und erfolgreich.

Wir warnen davor, diese Abläufe einfach zu kopieren. Mit diesem Buch haben Sie aber das Rüstzeug an der Hand, eigene Prozessabläufe zu planen und durchzuführen. Die im folgenden vorgestellten Abläufe mögen Ihnen dazu vielfältige Anregungen bieten.

Die hier aufgezeigten Situationen sind bewusst ausgewählt. Die Beteiligten waren im Großen und Ganzen kooperativ und waren an einer Lösung oder Verbesserung interessiert. Komplexere und konfliktreichere Situationen erfordern ein erweitertes Methodenrepertoire für den Prozessmanager und eine intensive Beschäftigung mit seiner eigenen Konfliktfähigkeit und seinem Harmoniebedürfnis, mit seiner Art wahrzunehmen und zu kommunizieren, seinem Selbst- und Fremdbild und wie deckungsgleich sie sind. Und doch lassen sich, wie Sie sehen werden, viele „schwierige" Situationen mit den in diesem Buch beschriebenen Methoden bearbeiten.

Die Abläufe sind alle nach einem einheitlichen Schema aufgebaut:
Zuerst beschreiben wir bei der **Ausgangslage** wie es zu dieser Veranstaltung kommt, welche Auslöser es gibt.

Bei der **Vorgeschichte** geht es darum, was alles im Vorfeld schon passiert ist, was schon unternommen oder unterlassen wurde.

Unter dem Stichwort **Ziel** finden sie die Beschreibung des formalen Ziels, also wo die Gruppe am Ende angekommen sein soll.

Neben der sachlogischen Ebene ist auch immer die psycho-logische Ebene ein wichtiger Faktor, nämlich **Interessen und Stimmungslage** der Gruppe. Welche Stimmung, welche Interessen, offene und verdeckten, haben die Menschen vor der Veranstaltung, in welcher kommen sie und in welcher gehen sie aus dieser Veranstaltung.

Sodann geben wir die **Dauer** der Veranstaltung an. Die Zeitangaben sind reine Arbeitszeiten, sie beinhalten noch keine Pausen zwischen den Arbeitsschritten und keine Mittagspausen. Wir gehen bei dieser Art von Arbeit von 6 – 8 Stunden reiner Arbeitszeit pro Tag aus.

Unter **Zielgruppe** beschreiben wir die Anzahl der Teilnehmer und auch die hierarchischen Verhältnisse.

Das **Fazit** beinhaltet Hinweise auf den Prozess, Schlussfolgerungen was die Veranstaltung nun bewirkt hat oder Nachwirkungen, die dieser Prozess gehabt hat.

Danach folgen die Abläufe, aufgebaut nach den Phasen eines Gruppenprozesses: vom Anwärmen bis zum Abschließen. In den einzelnen Phasen sind die Fragen, die den Gruppen gestellt wurden, die Methoden, die verwendet wurden und die Zeit aufgeführt, die dieser Arbeitsschritt oder die Phase gedauert hat.

Schließlich haben wir die vorgestellten 17 Abläufe aus Gründen der Übersichtlichkeit nach Themengebieten sortiert. Sie finden Beispielprozesse aus den Einsatzgebieten
- Zusammenarbeit im Team
- Zusammenarbeit von Teams
- Reflexion
- Präsentation mit Diskussion
- Konzeptarbeit

Und nun wünschen wir Ihnen viel Spaß beim Lesen der Abläufe!

6.1 Zusammenarbeit im Team

6.1.1 Teamentwicklung

Veranstaltung: Reflexion der Teamsituation

Ausgangslage / Anlass:
Es gibt einen neuen Abteilungsleiter. Er kommt aus der bestehenden Abteilung. Gleichzeitig hat er mit dem Bereichsleiter die Funktion der Abteilung überarbeitet und möchte diese der Abteilung präsentieren und diskutieren darüber.

Vorgeschichte / Auslöser:
Bisher herrscht das Prinzip: Quantität vor Qualität. Es gibt viele Einzelkämpfer und wenig Gruppenidentität. Die fehlende gemeinsame Basis behindert die Abstimmungsprozesse und drückt sich in „viel Arbeit" und Arbeitsüberlastung aus.

Ziele:
Selbstverständnis der Gruppe herstellen
Funktion und Aufgabengebiete der Abteilung überarbeiten
Vereinbarungen treffen darüber, was gemacht und was nicht getan werden soll

Interessen und Stimmungslage:
Zu Beginn ist eine vorsichtige Zurückhaltung der Einzelkämpfer - Experten mit hohem Fachwissen - erkennbar. Es wird wenig untereinander kommuniziert, die Teilnehmer wissen wenig voneinander. Sie leiden unter der Arbeitsmenge und dem Zeitdruck und bemängeln die daraus entstehende Arbeitsqualität.

Dauer:
1 Tag

Zielgruppe:
1 Abteilungsleiter und 7 Gruppenleiter

Fazit:
Die Teilnehmer fanden es sehr hilfreich, miteinander die anstehenden Themen besprochen zu haben, den „neuen" Abteilungsleiter, aus ihrer Mitte kommend, in seiner veränderten Position, erlebt zu haben und die Entdeckung gemacht zu haben, dass man Einzelkämpfer und Gruppenmitglied sein kann.

Prozessablauf:

Anwärmen

Der Abteilungsleiter begrüßt die Gruppe und schildert mit der Prozessmanagerin zusammen, wie es zu dieser Veranstaltung kommt (15 Minuten).
Anschließend stellen die Prozessmanager vor, „Was wir in diesem Workshop vorhaben..." (20 Minuten).

Was wir in diesem Workshop vorhaben

* Etwas zum Ankommen und kennenlernen tun…

* wie diese Abteilung entstanden ist…

* Funktion und Rolle der Abteilung

* sammeln und ordnen der Themen, über die Sie in den nächsten Tagen sprechen möchten

* Themen diskutieren, Lösungen erarbeiten und Vereinbarungen für die gemeinsame Arbeit treffen

* Etwas für die Arbeitsatmosphäre und Kommunikation tun

Die Prozessmanager schlagen zum miteinander vertrauter werden folgenden Schritt vor:

> **Unsere Gemeinsamkeiten und Unterschiede**
>
> * wer ist länger/kürzer als 3 Jahre bei der Firma?
> * wem sitze ich am nächsten?
> * wer ist vor acht und nach acht Uhr im Büro?
> * wer freut sich auf den Winter - wer eher nicht?

Die Teilnehmer stehen auf und bekommen die erste Frage (auf dem Flipchart) gestellt. Durch Befragen der anderen Teilnehmer, wie lange sie schon bei der Firma sind, finden sie sich in einer Kleingruppe mit ähnlicher oder gleicher Zugehörigkeit zusammen. Das dauert einige Minuten, dann wird die nächste Frage gestellt. Die Zusammensetzung der Kleingruppe kann sich jetzt wieder ändern. So kommt die Gruppe schnell in viele und wechselnde Kontakte untereinander, die Teilnehmer bekommen Informationen voneinander und können sowohl Gemeinsamkeiten wie auch Unterschiede entdecken. (20 Minuten)

Der nächste Schritt verknüpft das Kennenlernen der Teilnehmer und Prozessmanager mit den Erwartungen an den Workshop. Alle, auch die Prozessmanager, erstellen ein Plakat über sich:

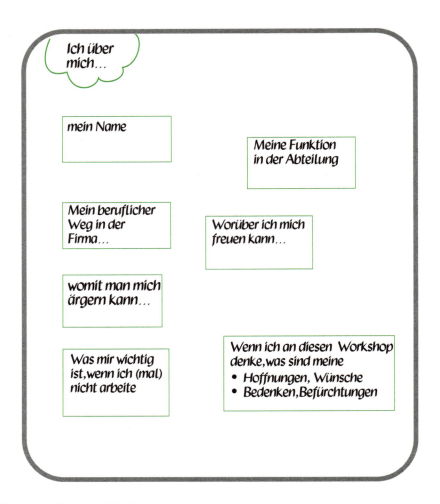

Vorstellen der Plakate (50 Minuten).

Orientieren

Der Abteilungsleiter präsentiert die mit seinem Bereichsleiter erarbeiteten und abgesprochenen Inhalte zu „Identität und Anspruch und die Aufgabengebiete der Abteilung". Ziel ist es, den Gruppenleitern einen inhaltlichen Rahmen zu geben. Damit wird der Entscheidungs- und Gestaltungsspielraum festgelegt.

Die Präsentation schliesst damit, dass der Schlüssel zu all diesen Punkten die Art und Weise der Zusammenarbeit und die Qualität der Arbeitsatmosphäre ist.
Die Prozessmanager sorgen dafür, dass die Fragen zum Verständnis geklärt werden.
(45 Minuten)

Die anschliessende inhaltliche Diskussion wird in Kleingruppen mit einem Szenario geführt. Gleichzeitig werden hier auch die Themen gesammelt. Die Gruppen finden sich nach dem Sympathie – Prinzip.
(45 Minuten)

Vorstellen der Kleingruppenergebnisse.

Die Karten aus den dritten Feld im Szenario werden auf ein Leerplakat übernommen mit der Überschrift: „Themen, Probleme über die wir reden wollen..." (30 Minuten).

Vernetzen der Themen, dabei stellt sich heraus, dass 2 Themen am meisten auf andere Themen strahlen (10 Minuten).

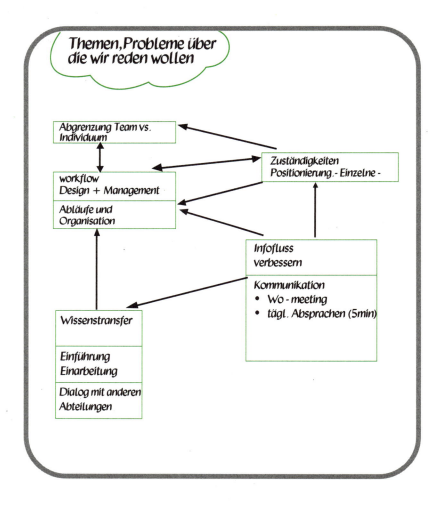

Bearbeiten

Die Themen „Infofluss verbessern" und „Kommunikation" werden in der ersten Bearbeitungsrunde angegangen. Kleingruppenarbeit mit Szenario. (60 Minuten)

Infofluss verbessern

was genau daran ist problematisch?	welche Lösungsideen gibt es?
Mit welchen Schwierigkeiten rechnen wir dabei?	Was könnten trotzdem 1. Schritte sein?

Vorstellen der Kleingruppenergebnisse:
Während der Diskussion gibt es noch Ergänzungen auf den Plakaten (90 Minuten).

Aktivitätenplan

Aktivität?	wer?	mit wem?	bis wann?	Art des Ergebnisses?	o.k.

Erstellen des Aktivitätenplans:
In die Spalte „Aktivitäten" kommen die ersten Schritte aus dem 4. Feld des Bearbeitungsszenarios. Dann werden die noch unbearbeiteten Themen aus der Vernetzung eingetragen und es wir ein von allen akzeptierter Kümmerer bestimmt. Auf einem gesonderten Plakat werden Teilthemen in eine Zeitschiene von jetzt bis in 8 Monaten eingezeichnet. (100 Minuten)

Abschließen

Blitzlicht mit den Fragen:
In unserer Veranstaltung hat mich am meisten zufrieden gemacht...
In welcher Stimmung ich jetzt nach Hause fahre ...
Und was ich sonst noch sagen möchte...
(35 Minuten)

6.1.2 Konfliktbearbeitung

Veranstaltung:
Konflikte bearbeiten zwischen „altem" und „neuem" Betriebsrat

Ausgangslage / Anlass:
Für alle überraschend ist der bisherige Betriebsrat nach vielen Jahren nicht mehr gewählt worden. Der „neue" Betriebsrat ist über seinen Wahlerfolg ebenso überrascht gewesen, weil er damit nicht gerechnet hat.

Vorgeschichte / Auslöser:
Der bisherige Betriebsrat boykottiert die Zusammenarbeit mit dem „neuen" Betriebsrat, vor allem zwischen den Vorsitzenden sind die Fronten verhärtet. Der Vorstand räumt dem Gesamtbetriebsrat Zeit ein, um die Schwierigkeiten zu klären.
Mit den Vorsitzenden und Betriebsräten wurden Einzelinterviews geführt, in denen jeder seine Sicht der Dinge und seine Bereitschaft zur Veränderung darstellen konnte.

Ziele:
- Transparenz über Arbeitsbeziehung, Klima und Rolle herstellen
- Identifikation mit den Zielen des Betriebsrats; Selbstverständnis
- die zukünftigen Aufgabenschwerpunkte erarbeiten
- die Folgeaktivitäten festlegen

Interessen und Stimmungslage:
Gespannte Atmosphäre, Überspielen der Kränkungen, Vorwürfe, verhärtete Fronten

Dauer:
1,5 Tage

Zielgruppe:
Der bisherige und neue Betriebsratsvorsitzende und 14 Betriebsräte

Fazit:
Der Konflikt zwischen dem bisherigen und neuen Betriebsratvorsitzenden konnte soweit geklärt werden, daß ein Weiterarbeiten möglich war. In dem Workshop fand ein Zweiergespräch mit einem der beiden Prozessmanager statt. Dabei kamen die Kränkungen und Verletzungen zur Sprache und sie konnten miteinander klären, wo der bisherige Betriebsratvorsitzende den neuen unterstützen will und kann und wo nicht. Die Veranstaltung endete in einer gelösteren Stimmung als zu Beginn, jedoch waren alle noch abwartend, was der betriebliche Alltag bringen würde.

Prozessablauf:

Anwärmen

Begrüßung durch den Betriebsratsvorsitzenden
Die Prozessmanager schildern die Vorgeschichte und wie es zu dem heutigen Treffen kommt. (10 Minuten)

Ziele für die Veranstaltung vorstellen und Einverständnis einholen von der Gruppe (25 Minuten)

Vorstellungsrunde mit einem Gruppenspiegel
Ausfüllen und Präsentieren
Die Prozessmanager machen dabei mit
(90 Minuten)

Gruppenspiegel

Mein Name	Was mache ich? seit wann bin ich im Betriebsrat?	Was hier nicht passieren sollte...	Die Arbeitstagung wird gut, wenn...

> *zum Transparentmachen der Situation*

Was glauben Sie behindert den BR in seiner Arbeit und/oder schränkt seine Leistungsfähigkeiten ein?	wer/was erlaubt mir nicht, so zu arbeiten wie ich eigentlich möchte?
Was soll im BR so weiter gemacht werden wie bisher, weil es gut läuft?	Welche Veränderungen würden mir bzw. der Gruppe helfen?

Orientieren

Erste Kleingruppenarbeit zum Herstellen einer Themenorientierung (40 Minuten).

Vorstellen der 4 Kleingruppenergebnisse mit folgender Frage für die Plenumsdiskussion:
Zu welchen Punkten haben Sie Verständnisfragen?
Die Prozessmanager achten auf konkrete und präzise Aussagen durch Nachfragen. (60 Minuten)

Zweite Kleingruppenarbeit zur Ergänzung der gefundenen Themen: Sammeln der persönlichen und der Betriebsrat-Ziele (30 Minuten)

> Sammeln der persönlichen und der PR - Ziele

| Meine persönlichen Ziele... | Die Ziele des Betriebsrats... |

Was ist noch unklar?

Vorstellen der Kleingruppenergebnisse, um alle Beteiligten auf den gleichen Informationsstand zu holen (20 Minuten).

Erstellen eines Themenspeichers aus erster und zweiter Kleingruppenarbeit (30 Minuten).

Themenspeicher

1	8
2	9
3	10
4	11
5	12
6	13
7	14

Bearbeiten

Vernetzen der Themen (15 Minuten).
Kleingruppenbildung nach Interesse.
Kleingruppenarbeit mit dem am stärksten ausstrahlenden Thema: Wie wir uns als Personalrat verstehen? (50 Minuten)

> wie wir uns als Personalrat verstehen

Vorstand	Gewerkschaften
BR - Mitglieder	Mitarbeiterinnen und Mitarbeiter

Vorstellen der 3 Kleingruppenergebnisse.
Diskussion, Ergänzungen, Meinungsverschiedenheiten klären.
Folgeaktivitäten festlegen.

(insgesamt 75 Minuten)

Aktivitätenliste

Was ist zu tun?	wer?	mit wem?	bis wann?	an wen?	in welcher Form

Dabei werden auch die noch unbearbeiteten Themen mit aufgenommen.
(40 Minuten)

Abschließen

Um den Workshop zu beenden, lassen die Prozessmanager die einzelnen Teilnehmer einen Standpunkt beziehen. Es wird eine große Scheibe in die Mitte des Raumes gelegt und die Teilnehmer werden gebeten sich nach der Frage im Raum aufzustellen.
(30 Minuten)

Zum Schluss...

Mit wieviel Zuversicht gehen Sie jetzt an Ihre Arbeit?

Wie?
- Ohne Worte aufstellen
- Jeder sagt was zu seinem Standpunkt

Schlussworte des Betriebsratsvorsitzenden

6.1.3 Klärung von Rollen und Zuständigkeiten

Veranstaltung: Workshop 3 Monate nach einer Reorganisation

Ausgangslage / Anlass:
Um den Wandel von einer Produkt- zur Kundenorientierung zu ermöglichen, wurde die Vertriebsorganisation neu strukturiert. Es gibt nun eine Organisationseinheit „Klassischer Verkauf" und eine Einheit „New business". Selbstverständnis, Zusammenarbeit und Entwicklungsbedarfe sollen Themen im Workshop sein.

Vorgeschichte / Auslöser:
Beide Organisationseinheiten sind von der Reorganisation unterschiedlich betroffen; „New business" hat einen neuen Leiter bekommen; die Zusammenarbeit ist schwierig. New business wird als verlängerter Arm der Geschäftsleitung wahrgenommen. Der klassische Verkauf hat eine „underdog"-Mentalität.

Ziele:
- Gegenseitiges Verständnis fördern
- Reflexion und Standortbestimmung der Arbeit
- Entwicklungsbedarfe entdecken

Interessen und Stimmungslage:
Jede der beiden Organisationseinheiten möchte ihren guten Platz erhalten bzw. dass ihre gute Arbeit gesehen wird.

Dauer: 1,5 Tage

Zielgruppe:
30 Teilnehmer: die Leiter der beiden Organisationseinheiten,
5 Führungskräfte, 23 Mitarbeiter

Fazit:
Ein großer Vorteil war, dass die Gruppe gemeinsam zu dem Tagungsort fuhr. Dadurch konnten sie sich schon auf der Fahrt auf die Veranstaltung einstimmen. Sie kamen mit Fragen und Zweifeln aber auch mit Wünschen. Am Ende des Workshops war die Stimmung hoffnungsvoller, sie hatten vieles miteinander geklärt, zum einem was sie selbst tun müssen, aber auch von welcher Stelle im Haus sie Unterstützung erwarten können.

Prozessablauf:

Anwärmen

Die Veranstaltung beginnt am Vormittag nach einer gemeinsamen Anreise der Gruppe kurz vor dem Mittagessen.

Begrüßung durch den Geschäftsführer. Danach Vorstellung der Prozessmanager und Klärung ihrer Rolle. (10 Minuten)

Zur Einstimmung werden die Teilnehmer gebeten, sich in kleinen Gruppen zu dritt oder zu viert auszutauschen zu der Frage:

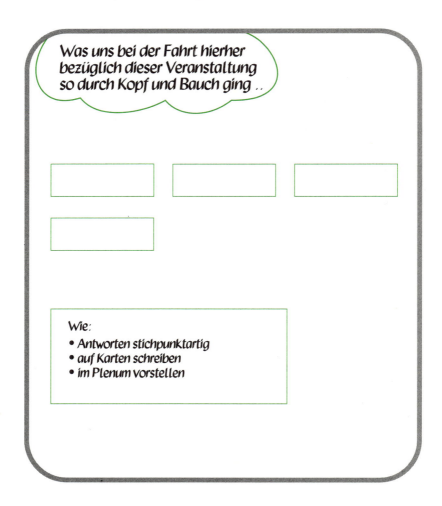

30 Minuten Austausch. Dann Vorstellen im Plenum, dabei werden die Karten auf ein Plakat geklebt (20 Minuten).

Aus diesen Ergebnissen werden die Ziele der Veranstaltung herausgefiltert. Für die Workshop - Zeit werden zwei Ziele als vorrangig verabredet:

- Reflexion der Neustrukturierung.
- Erarbeitung des Unterstützungsbedarfs für die Umsetzung der Neustrukturierung.

(30 Minuten)

Zum inhaltlichen Anwärmen wählen die Prozessmanager eine Ein- Punkt-Frage.

> Wenn ich an unsere zukünftige Markstellung denke...

wird immer besser	bleibt gut	weiß nicht	wird schwerer	geht alles den Bach runter

Die Teilnehmer kleben ihre Punkte in die Felder. Die – zuerst allgemeinen, dann auf die Punkte bezogenen – Aussagen werden von den Prozessmanagern mitvisualisiert. (20 Minuten)

Orientieren

Der Geschäftsführer gibt (noch einmal) einen Überblick über Absicht und Struktur der Neuorganisation mit einem Folienvortrag (20 Minuten).

Um die Themen und Fragen, die die Teilnehmer behandeln wollen, zusammenzutragen, bieten die Prozessmanager Sammelszenarien an. Die Zusammensetzung der

Kleingruppen erfolgt nach Zugehörigkeit zur Gruppierung: „Klassischer Verkauf" bzw. „New Business". Die Fragen im letzten Feld des Szenarios sollen auf Karten geschrieben werden.

Zwischencheck -classic-

Was ist durch die Neustrukturierung anders als vorher?	Was davon gefällt uns, klappt gut?
Womit haben wir (noch) Schwierigkeiten?	Welche Fragen haben wir dazu noch?

> **zur Idee der Neustrukturierung**
> - new -

Wo liegen die Unterschiede zu unserer bisherigen Vorgehensweise?	was kommt uns entgegen, wäre gut für uns?
Was erscheint uns schwierig?	Welche Fragen haben wir dazu noch?

Die Führungskräfte bekommen ein eigenes Szenario. Die Bearbeitungszeit für die Kleingruppen beträgt 50 Minuten.

> FK: unser Beitrag
> Neustrukturierung

welche Vorteile sehen wir darin?

welche Risiken bringt das Ganze?

was uns in unserer Verantwortung besonders wichtig ist

Die Kleingruppenergebnisse werden präsentiert und die Karten mit den Fragen auf eine vorbereitete Wand nach inhaltlichen Zusammenhängen übertragen (50 Minuten).

Fragen zur Neustrukturierung

Fragen: Antworten, Hinweise

Bearbeiten

Die Themengruppen und Einzelthemen werden der Reihe nach diskutiert, die Prozessmanager visualisieren den Verlauf simultan mit (180 Minuten). Abschluss des ersten Tages.

Der folgende Vormittag steht unter dem Motto: „Ermitteln des Unterstützungsbedarfs für die Umsetzung der Neustrukturierung".
Das Thema wird in Kleingruppen à vier bis fünf Teilnehmer bearbeitet – diesmal werden die Teilnehmer funktionsübergreifend gemischt, um gegenseitige Anregung zu ermöglichen. (60 Minuten)

> Wir müssen vom Platzanweiser für Werbeminuten zum gefragten Dienstleister für unsere Kunden werden!

Was machen wir bereits dafür?	Was kann ich persönlich noch dafür tun - vorstellen zu tun?
Was können andere dafür tun?	Welche Unterstützung wäre hilfreich?

Anschließend Präsentation der Kleingruppenergebnisse.

Die Führungskräfte nehmen Stellung zu den formulierten Unterstützungswünschen und diskutieren mit der Gruppe die Chancen für eine Realisierung.
Die Führungskräfte nehmen den Auftrag der Gruppe mit, die verabredeten Unterstützungswünsche an die Geschäftsführung weiterzuleiten. (90 Minuten)

Abschließen

Die Veranstaltung schließt mit einer Blitzlichtrunde zu den Fragen.

> Wir stehen jetzt am Anfang eines Weges -

- Wie könnte es am Ende dieses Weges aussehen, wo wird er uns hinführen?

- Und worauf, denke ich, müssen wir uns unterwegs einstellen, was wird uns begegnen?

(35 Minuten)

Dank an die Prozessmanager und Verabschiedung voneinander.

6.1.4 Wöchentliche Teamsitzung

Veranstaltung: Teamsitzung

Ausgangslage / Anlass:
Wöchentliches Treffen einer Arbeitsgruppe zur regelmäßigen Absprache und zum Erfahrungs- und Informationsaustausch

Ziele:
- Informationen/Erfahrungen austauschen
- Aufgaben koordinieren
- Aufträge verteilen

Interessen und Stimmungslage: Der wöchentliche Austausch ist allen Betroffenen ein wichtiges Anliegen, zumal sie an den übrigen Tagen häufig an unterschiedlichen Orten arbeiten.

Dauer:
3 Std.

Zielgruppe:
10 Teilnehmer: Berater / Trainer

Fazit:
Für die Beteiligten dient die Teamsitzung einerseits als kollegialer Austausch. Dabei ist weniger Struktur hilfreich. Es wird als angenehm empfunden, einfach mal so miteinander reden zu können. Andererseits müssen auch Entscheidungen und Vereinbarungen getroffen werden, die ein strafferes Vorgehen brauchen. Diese Gratwanderung ist nicht immer ganz leicht.

Prozessablauf:

Anwärmen
Blitzlicht:
(30 Minuten)

> Woher ich komme, wohin ich gehe...
>
> * Was war für mich in der letzten Woche wichtig?
>
> * Was steht für mich in dieser Woche an?

Orientieren

Um eine Themenübersicht zu erhalten, wird gemeinsam eine Tagesordnung erstellt. Sammeln der Themen auf Karten und Zeitbedarf zum Bearbeiten der Themen festlegen
(10 Minuten).

> **Teamsitzung am**......
>
> | was gibt es.... | ....zu besprechen, zu entscheiden....... | ......zu tun? |
> |---|---|---|
> | | | |

Bearbeiten

Die Themen werden nun nach der gemeinsam festgelegten Reihenfolge bearbeitet.
Zu jedem Thema werden gegebenenfalls
Folgeaktivitäten festgelegt bzw. Aufgaben verteilt.
Die Gruppe einigt sich, wer aus ihrem Kreis in der nächste Sitzung die Leitung übernehmen wird. (120 Minuten)

Abschließen

Blitzlicht:

> *Zum Abschluss*
>
> ✳ *In welcher Arbeitsstimmung gehe ich jetzt in den Tag?*

(20 Minuten)

6.1.5 Abschiedsveranstaltung für einen Geschäftsführer

Veranstaltung:
Gestaltung eines Abschieds für einen Geschäftsführer

Ausgangslage / Anlass:
Der bisherige Geschäftsführer scheidet aus. Der Nachfolger steht schon fest und kommt aus dem Unternehmen.

Vorgeschichte / Auslöser:
Die bisherigen Wechsel waren mit Ärger, Konflikten bis hin zu arbeitsgerichtlichen Auseinandersetzungen verbunden.

Ziel:
Abschied und Dank für den scheidenden Geschäftsführer mit dem Nachfolger und den Abteilungsleitern gestalten.

Interessen und Stimmungslage:
Einerseits waren die Betroffenen aufgeregt und unsicher, andererseits waren sie auch neugierig.

Dauer:
Ein Abend, ca. 5 Std. mit Abendessen

Zielgruppe:
Der „alte" und „neue" Geschäftsführer und 8 Abteilungsleiter

Fazit:
Dieses kleine Ritual war notwendig, um die Ära des einen gut zu beenden und den Beginn des anderen deutlich zu machen. Alle Teilnehmer waren nachdenklich, erinnerten sich an alte gute und weniger gute Zeiten, sie konnten seine Arbeit würdigen und anerkennen, jeder auf seine Weise. Damit gab es einen eindeutigen Zeitpunkt für den Abschied und für den offiziellen Beginn. Gleichzeitig ist so ein Ritual ein Ausdruck der Kultur einer Organisation, nämlich wie mit Abschied und Neubeginn umgegangen wird, welchen Stellenwert die Menschen und ihre Rolle / Funktion haben.

Prozessablauf:

Anwärmen

Die Veranstaltung startet mit einer informellen Begrüßung und einem Aperitif. Anschließend findet ein gemeinsames Abendessen statt. Ein Prozessmanager kennt die Gruppe aus voraus gegangenen Treffen, der andere nicht.

Zum Ankommen und Kennenlernen im Seminarraum gibt es einen Austausch in Zweier- und Dreiergruppen mit den Fragen:
- Mein Name und meine Funktion im Unternehmen...
- In welcher Atmosphäre möchte ich heute Abend hier sein?
- Was ist mein Beitrag, den ich hier einbringen will?

(15 Minuten)

Zum Ankommen

✱ Mein Name und meine Funktion im Unternehmen......

✱ In welcher Atmosphäre möchte ich heute Abend hier sein?

✱ Was ist mein Beitrag, den ich hier einbringen will?

Anschließend stellt jeder sich und seine Antworten im Plenum vor. Die Prozessmanager machen mit (45 Minuten).

Orientieren

Ziele der Klausur vorstellen und mit der Gruppe abgleichen
(5 Minuten):

Reflexion der Zusammenarbeit, um die Erfahrungen aus der gemeinsamen Arbeit (wieder) präsent zu machen.

> **Reflexion unserer bisherigen Zusammenarbeit**

→ Wie habe ich unsere Arbeit im
   Leitungsteam erlebt?

wie:

★ persönliche Erfahrungen
★ in Kleingruppen: austauschen und
   ein gemeinsames Bild erstellen
★ gegenseitig Vorstellen im Plenum

Arbeit in 3 Kleingruppen
Vorstellen der einzelnen Plakate im Plenum.
(insgesamt 90 Minuten)

Bearbeiten

Anschließend wird im Plenum der Abschied gestaltet:

Die Teilnehmer bekommen Zeit zum Überlegen, dann beginnt eine Person und der nächste macht weiter. Die scheidende Führungskraft hört zu. Anschließend teilt er seine Gedanken, Gefühle mit und was er seinem Nachfolger und den anderen Führungskräften mitteilen möchte. (60 Minuten)

Abschließen

Gemeinsam anstoßen und ausklingen lassen.

6.1.6 Standortbestimmung nach einer Fusion

Veranstaltung:
Standortbestimmung nach einer Fusion

Ausgangslage / Anlass:
Vor einem Jahr wurde das kleinere deutsche Unternehmen von einem amerikanischen Konzern übernommen.

Vorgeschichte / Auslöser:
Das Leitungsteam setzt sich zweimal im Jahr zusammen um die Zusammenarbeit zu überprüfen. Durch die Fusion ist viel Unsicherheit entstanden, die sich in mangelndem Vertrauen in die Qualität der Produkte und die eigene Kompetenz äußert.

Ziel:
Innehalten und Zeit haben über die momentane Situation und die Zusammenarbeit im Team zu reflektieren.

Interessen und Stimmungslage:
Die Sorgen um die Zukunft wurden mit Ironie und Witzen zugedeckt. Der Wunsch nach „sich zurücklehnen" war hoch. Es gab eine hohe Bereitschaft miteinander zu arbeiten.

Dauer:
1,5 Tage

Zielgruppe:
1 Geschäftsführer und 9 Bereichsleiter

Fazit:
Die Teilnehmer waren über ihre Stimmung erschrocken. Sie erkannten den Einfluss auf die Mitarbeiter und das Unternehmen. Sie wurden sich ihres Potentials bewusst und sahen, wie sie ihre Fähigkeiten für das Unternehmen nutzen können.

Prozessablauf:

Anwärmen

Die Veranstaltung beginnt am Abend mit einem Abendessen. Danach wird eine erste Runde gearbeitet.
Die Teilnehmer und die Prozessmanager kennen sich aus früheren Veranstaltungen.
Zum Einstieg gibt es ein Blitzlicht (30 Minuten). Dazu werden den Teilnehmern eine Reihe von Bildern angeboten, aus denen sie auswählen können.

Zum Einstieg

1. In welcher Stimmung bin ich jetzt hier?

2. Was ich mir von dieser Klausur erwarte?

wie?

Suchen Sie sich zu jeder Frage ein Bild
ud beschreiben Sie was es für Sie bedeutet.

Keine Diskussion
und irgendjemand fängt an.

Orientieren

Die Ziele der Veranstaltung wurden im Vorgespräch abgeklärt und sind allen Beteiligten bekannt.
Um die momentane Arbeitssituation im Leitungsteam transparent zu machen, wird eine Metapher in Form eines Buch- oder Filmtitels gesucht.
Es wird in 3 Kleingruppen mit 3 verschiedenen Blickwinkeln gearbeitet. (40 Minuten)

Präsentation im Plenum (30 Minuten).

An diesem Punkt wird zu einem informellen Beisammensein übergegangen.

Bearbeiten

Am nächsten Morgen bearbeiten die Teilnehmer ihr am Vortag erstelltes Plakat mit zusätzlichen Fragen (40 Minuten).

> *Zum Reflektieren 2*
>
> 1. Was alles tun wir, um die Situation aufrecht zu erhalten?
> 2. Wie kommt es, dass es nicht noch viel schlimmer ist?
> 3. Was ist der Nutzen für das System?
>
> *Finden Sie Antworten zu den jeweiligen Fragen und schreiben Sie sie auf Ihr Plakat*
> *Präsentieren im Plenum.*

Die Plakate werden im Plenum vorgestellt und Verständnisfragen geklärt.
Anschließend rücken die Kleingruppen eine Wand weiter, wechseln den Blickwinkel und bearbeiten das Plakat mit den neuen Fragen (30 Minuten)

> **Zum Reflektieren 3**
>
> Bitte wechseln Sie den Blickwinkel....
>
> - Was glauben Sie worum es eigentlich geht?
>
> - Was würden wir dieser "Gruppe" wünschen?
>
> Bitte rotieren Sie die Antworten dazu auf das jeweilige Plakat und präsentieren Sie es im Plenum.

Die Kleingruppen rücken ein weiteres Mal zu einer nächsten Wand und beantworten da die gleichen Fragen (30 Minuten).

Alle Wände werden im Kreis aufgestellt und jeweils von den Kleingruppen vorgestellt (45 Minuten).

Im Plenum wird der nächste Arbeitsschritt angegangen. Die Aussagen aus den Kleingruppen werden genommen und gemeinsame Vereinbarungen abgeleitet.
(90 Minuten)

> **Vereinbarungen**
>
> Auf was wollen wir als Leitungsteam in der nächsten Zeit achten?

Abschließen

> **Abschluss**
>
> Was ist mir jetzt besonders wichtig?
> In welcher Stimmung fahre ich jetzt nach Hause?

Die Veranstaltung endet mit einem Blitzlicht (30 min).

6.2 Zusammenarbeit von Teams

6.2.1 Zusammenarbeit zwischen internen und externen Partnern

Veranstaltung:
Eine Klausur zum Thema Reflexion der Führungscrew eines Bereiches und die Zusammenarbeit mit internen und externen Kunden

Ausgangslage / Anlass:
Im Vorfeld artikulierte der Bereichsleiter den Wunsch, bei dem routinemäßigen Treffen, einmal jährlich, die internen und externen Kunden dieses Bereichs einzuladen, um die gegenseitigen Erwartungen an die Zusammenarbeit abzugleichen.

Vorgeschichte / Auslöser:
Seit zwei Jahren organisierte dieser Bereich jährlich eine 1-2 tägige Reflexion mit zwei Prozessmanagern, dieses Treffen war das dritte.

Ziele:
Reflexion über die Zeit seit dem letzten Treffen
Erwartungen an und von den Kunden, Partnern klären

Interessen und Stimmungslage:
Zum Teil war die Gruppe entspannt, aber auch neugierig und gespannt auf die Kunden und Partner.

Dauer:
1 Tag: für den 1. Teil Reflexion 2,5 Std., für den 2. Teil mit den Kunden 5,5 Std.

Zielgruppe:
1 Bereichsleiter mit 6 Abteilungsleitern und 13 Kunden, Partner

Fazit:
Alle Teilnehmer empfanden diese Art von Treffen als sehr hilfreich für ihre Arbeit. Die Kunden und Partner fühlten sich ernst genommen und bedankten sich für die Einladung. Für die Einladenden war es wichtig, die Wünsche und Bedürfnisse ihrer Partner zu kennen, um darauf reagieren zu können. Aber auch, um klar stellen zu können, was geht und was nicht geht. Auf beiden Seiten wuchs das Verständnis füreinander.
Es wurde beschlossen, einmal jährlich ein halbtägiges Treffen mit den Kunden zu veranstalten.

Prozessablauf:

Anwärmen

Zum ersten Teil der Klausur treffen sich der Bereichsleiter und seine 6 Führungskräfte. Begrüßung durch den Bereichsleiter (10 Minuten).
Zum Ankommen schlagen die Prozessmanager folgende Fragen vor:

Zum Ankommen

✳ Was ging mir durch Kopf und Bauch im Vorfeld zu dieser Veranstaltung?

✳ In welcher Stimmung bin ich jetzt hier?

✳ Was erwarte ich von dieser Klausur:
   Für heute innerhalb des Bereichs?
   Für morgen, interne Kunden/Partner?

Die Fragen werden in Form eines Blitzlichts von jedem Gruppenmitglied beantwortet, ohne Visualisierung (60 Minuten).

Orientieren und Bearbeiten

Zum Anknüpfen an die Klausuren vorher und zur Reflexion stellen die Prozessmanager die folgenden Fragen, die in Einzelarbeit beantwortet werden (15 Minuten):

Zum Anknüpfen

✷ Wie habe ich die Zusammenarbeit in der Gesamtgruppe und zu Einzelnen erlebt:

- Was ging und geht gut?
- Wo gab es (noch) Schwierigkeiten?
- Worüber muss ich mit wem reden?

Nach der Einzelarbeit werden die Themen im Plenum ausgetauscht und Notwendiges miteinander geklärt (70 Minuten).

Zum zweiten Teil der Klausur kommen die internen Kunden / Partner hinzu.

Die Prozessmanager klären mit der Gruppe ihre Erwartungen an diesen Tag mit einer Ein-Punkt-Frage (30 Minuten):

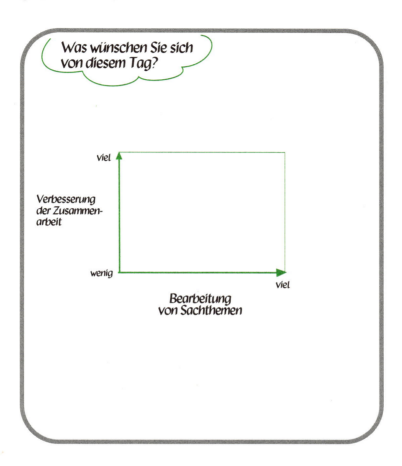

Orientieren

Aus der Auswertung der Punktfrage wird bereits das erste Thema deutlich, das die Gruppe bearbeiten möchte: Transparenz herstellen über die bestehenden internen und externen Arbeitbeziehungen

Bearbeiten

Im Plenum werden die internen und externen Kunden / Partner auf kleine runde Scheiben geschrieben.

Die Scheibe für den eigenen Bereich wird auf ein Leerplakat in die Mitte gepinnt und alle anderen außen herum gruppiert. Durch Nähe und Distanz können die Intensität und Häufigkeit der Kontakte ausgedrückt werden.

Währenddessen stellen die Teilnehmer fest, dass es auch Kontakte gibt, die intensiviert werden müssen. Diese werden besonders gekennzeichnet. (120 Minuten)

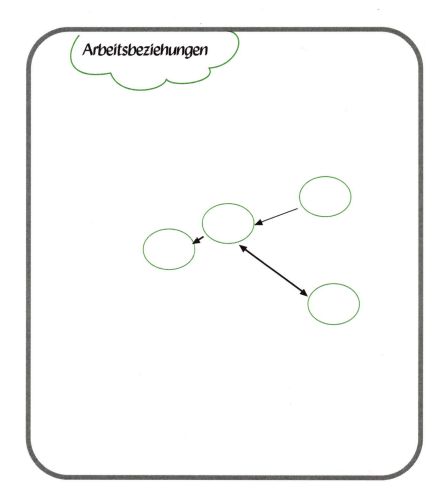

Das Ergebniss dieser ersten Bearbeitung ist zugleich eine differenziertere Themenübersicht: Als nächstes sollen die konkreten einzelnen Arbeitsbeziehungen untersucht werden.

Dazu werden Kleingruppen gebildet mit den Personen, die gleiche und/oder ähnliche Arbeitskontakte haben. Sie arbeiten an den folgenden Fragen:

> **Arbeitsgruppen zu "Arbeitsbeziehungen"**
>
> ✱ Beschreiben Sie die Art der Zusammenarbeit, wie sie zur Zeit funktioniert...
>
> ✱ Wo läuft es gut und wo ist es schwierig?
>
> ✱ Welche Informationen oder Klärungen brauche ich/wir für unsere Arbeit?

Nach 60 Minuten lassen die Prozessmanager über Zwischenergebnisse berichten. Die Gruppen nehmen sich weitere 45 Minuten, um den Punkt Information und Klärung weiter angehen zu können.

Aus dieser Bearbeitungsrunde werden die Aktivitäten in einem Katalog gesammelt. Gemeinsam werden die restlichen Spalten ausgefüllt. (30 Minuten)

Aktivitätenliste

Was ist zu tun?	Von wem?	mit wem?	bis wann?	Art der Ergebnisse	Bemerkungen

Abschließen

Blitzlicht mit den Fragen:
Was nehmen Sie aus diesem Tag mit in den Alltag?
In welcher Stimmung gehen Sie hier weg?
(45 Minuten)

6.2.2 Kundentag

Veranstaltung:
Gestaltung eines Kundentages

Ausgangslage / Anlass:
Im Verlauf ihres Veränderungsprozesses wollten die Projektmitarbeiter Informationen darüber zusammentragen, was ihre internen Kunden von ihrem Bereich erwarten, um kundengerechte Angebote entwickeln zu können.

Vorgeschichte / Auslöser:
Ein Bereich hatte ein Projekt zur Effizienzsteigerung und Kundenorientierung aufgesetzt. Um wirklich kundenorientiert vorgehen zu können, wollte das Projektteam seine Kunden einladen, um Transparenz über ihre Erfahrungen und Erwartungen zu bekommen.

Ziele:
Reflexion der bisherigen Zusammenarbeit. Sammeln von Ideen, Wünschen und Anforderungen an und für die künftige Zusammenarbeit.

Interessen und Stimmungslage:
Das Projektteam hatte eine informative Präsentation zum Stand des Projekts und zum Zweck der Veranstaltung vorbereitet und war gespannt, wie die Vertreter der anderen Bereiche ihr Angebot einschätzen würden. Die internen Kunden ihrerseits waren neugierig auf das Angebot und auf den Tag.

Dauer:
1 Tag

Zielgruppe:
10 Mitglieder des Projektteams, ca. 15 MitarbeiterInnen aus anderen Bereichen.

Fazit:
Der gemeinsame Tag fand großen Anklang rundum. Die Projektmitarbeiter hatten nun hilfreiche Informationen für die Entwicklung ihrer Angebote. Und die Kunden waren zufrieden, dass sie ihre Wünsche und Kritik an Ort und Stelle formulieren konnten.

Prozessablauf:

Anwärmen

Begrüßung durch den Bereichsleiter. Die Prozessmanager sind dem Projektteam bekannt, jedoch nicht den Kunden. Deshalb stellen sie sich vor und erklären ihre Rolle und kurz die Vorgehensweise zu dem heutigen Tag. (20 Minuten)

Zum inhaltlichen Einstieg gibt es drei Satzanfänge, die die Teilnehmer der Reihe nach komplettieren (40 min):

Zum Einstieg

- *Was ich auf meinem Schreibtisch zurückgelassen habe*
- *Dieser Tag wird gut für mich, wenn....*
- *Dieser Tag wird für mich eine Zeitverschwendung,wenn...*

Anschließend werden die Arbeitsschritte präsentiert (5 min):

> **Ablauf des heutigen Tages**
>
> ✳ gemeinsam starten
>
> ✳ Reflexion der Zusammenarbeit
>   mit dem Bereich bisher
>
> ✳ Herausarbeiten von Ideen
>   Wünschen, Anforderungen
>   und für die künftige Zusammenarbeit
>
> ✳ Wie geht's mit dem Thema weiter
>
> ✳ Abschluss

Orientieren

Im nächsten Schritt präsentiert der gastgebende Bereich den Stand des Projekts und gibt einen Überblick über die Teilprojekte.
Fragen zum Verständnis und zur Klärung werden eingesammelt und beantwortet.
(45 Minuten).

Bearbeiten

Die Gruppe wird in zwei Untergruppen geteilt: die Projektgruppe und die Kundengruppe. In der Projektgruppe entstehen 2 Kleingruppen à 5 Personen und in der Kundengruppe 3 Kleingruppen à 5 Personen.

Die Projektgruppe soll sich Gedanken machen, wie ihre Kunden die Zusammenarbeit mit ihnen wohl einschätzen.

Was werden wohl die anderen Bereiche zur Zusammenarbeit mit uns sagen?

was hat bislang gut funktioniert?	wo gab's immer mal wieder Probleme?
wo wünschen sie sich Veränderungen?	welche Sorgen, Bedenken haben sie? welche Schwierigkeiten erwarten sie?

Die Kundengruppe bearbeitet die gleichen Fragen aus ihrer Sicht (60 Minuten):

Reflexion unserer Zusammenarbeit mit dem Bereich… Kunden

was hat bislang gut funktioniert?	wo gab's immer mal wieder Probleme?
wo wünsche ich mir Veränderungen?	welche Sorgen, Bedenken habe ich, wo erwarte ich Schwierigkeiten?

Der Nachmittag beginnt mit dem Vorstellen der Ergebnisse der 5 Kleingruppen. Die Kundengruppen beginnen, die Projektgruppen folgen.

In dieser Phase entsteht viel Klärungsbedarf, die Prozessmanager führen die Diskussion eng an den vorgegebenen Fragen entlang.

Des weiteren ist immer wieder Transparenz darüber herzustellen und das Einverständnis der Gesamtgruppe darüber einzuholen, dass die Verantwortung für die Weiterarbeit an den aufgeworfenen Themen in der Projektgruppe bleibt. (200 Minuten)

Die Handlungsorientierung erfolgt, indem die Projektgruppe einen Ausblick auf die Themen gibt, die nun zur Bearbeitung anstehen und zusagt, die Wünsche und Anregungen der Kunden dabei mit zu diskutieren und einzuarbeiten.
Weiter vereinbart die Gruppe einen Zeitraum, nach dem die Gruppe über den Fortschritt des Projekts informiert wird. (20 Minuten)

Abschließen

Mit einer Blitzlichtrunde beenden die Prozessmanager die Veranstaltung.
„Wie habe ich den heutigen Tag erlebt?" (40 Minuten)
Abschied

6.2.3 Führungskräfte und Betriebsrat

Veranstaltung:
Erfahrungsaustausch und Reflexion der Zusammenarbeit zwischen den Führungskräften des Bereichs Personal und dem Betriebsrat einer Versicherung

Ausgangslage / Anlass:
Einmal im Jahr kommen Betriebsrat und Führungskräfte des Bereichs einschließlich Personalvorstand zusammen, um die Situation der Zusammenarbeit zwischen den Bereichen zu reflektieren und Verbesserungen zu erreichen.

Vorgeschichte / Auslöser:
Im täglichen Geschäft sind viele Konflikte zu lösen, die oft schwierig sind aufgrund der naturgemäß unterschiedlichen Positionen. Wird die Zusammenarbeit optimiert, lassen sich die täglichen Konflikte minimieren und man kann effizienter zusammenarbeiten. Dieses Treffen dient auch dazu, die kommunikativen Missverständnisse des vergangen Jahres aufzuräumen.

Ziel:
Strategien, Maßnahmen zur Verbesserung der Zusammenarbeit

Interessen und Stimmungslage:
Motivation für Workshop, Bereitschaft zur Optimierung, Vorbelastung durch die vielen schwierigen Erfahrungen der Alltags

Dauer:
1,5 Tage

Zielgruppe:
Betriebsräte der unterschiedlichen Bereiche und die obersten Führungskräfte des Bereichs Personal plus Personalvorstand
4 Betriebsräte und 4 Führungskräfte

Fazit:
Durch die vielen Erfahrungen der Zusammenarbeit gibt es eine große Vertrautheit zwischen den Führungskräften und den Betriebsräten. Dennoch sind sich alle der Konflikte bewusst. Der Prozess war für die Beteiligten mühsam und anstrengend, aber die Bereitschaft, kooperativ zusammenzuarbeiten wurde durch die Veranstaltung wieder erhöht.

Prozessablauf:

Anwärmen

Die Teilnehmer kennen sich schon aus der Zusammenarbeit. Die Prozessmanager kennen sie nicht. In der Anfangsrunde werden so Informationen mitgeteilt (für die Prozessmanager) und eine Aussage über die momentane Stimmung gemacht (Blitzlicht, 15 Minuten)

Orientieren

Lösungsorientierte Frage für den Einstieg ins Thema.
In dieser Frage wird davon ausgegangen, dass sich noch etwas an der Zusammenarbeit verbessern kann und dass dies durch diese Veranstaltung auch tatsächlich möglich ist. Diese Frage verhilft den Teilnehmern, eine konkrete Vorstellung davon zu entwickeln.
Einzelarbeit, Austausch zu zweit, anschließend einsammeln der Aussagen im Plenum. (60 Minuten)

Die anstehenden Themen und Fragen werden in Form eines Sammelszenarios erhoben.
Bearbeitet wird dieses Szenario von den Betriebsräten als eine Gruppe und den Führungskräften in der anderen Gruppe
Bei der Präsentation wird schon intensiv reagiert und über die Aussagen der jeweils anderen Gruppe diskutiert. (90 Minuten)

> **Erfahrungsaustausch über unsere Zusammenarbeit**

Was läuft im Moment gut?

Was ist immer wieder schwierig?

Worüber müssen wir hier reden?

Bearbeiten

Nun werden die Ergebnisse der Kleingruppenarbeit bearbeitet. Dazu wird ermittelt, welche Fragen sich aus den Aussagen der jeweils anderen Gruppe ergeben. Zunächst werden nur Fragen formuliert und aufgeschrieben.

Anschließend werden Antworten und Aussagen gefunden. Dies ist ein Prozess, in dem viele Emotionen beteiligt sind und mühevoll um jede einzelne Aussage gerungen wird. Es entstehen viele Plakate mit Fragen und Antworten. (120 Minuten)

> **Fragen und Antworten zum Selbstverständnis von BR und Personal**

Fragen	Antworten, Aussagen, Hinweise

Erarbeitung der Gemeinsamkeiten für die Zusammenarbeit:
Als Schlussfolgerung auf die gefundenen Fragen und Antworten wird dann nach den Gemeinsamkeiten der Sichtweisen der beiden Gruppierungen gesucht. Hier geht es also darum, sich auf „gemeinsame" Aussagen zu verständigen und sie „dingfest" zu machen. Es sind nur einige Gemeinsamkeiten möglich, da immer wieder sehr auf den grundsätzlichen Positionen von Betriebsrat und Geschäftsleitung beharrt wird.
(120 Minuten)

Diese Diskussion wird am nächsten Morgen zu Ende geführt.

Abschließen

Zum Schluss werden Wünsche für die zukünftige Zusammenarbeit formuliert, mit dem Wissen und Bewusstsein, dass Wünsche äußern wichtig ist, damit andere eine Chance haben, sie zu erfüllen. Aber, dass Wünsche äußern dürfen, noch nicht heißt, dass der andere den Wunsch auch erfüllen muss.
Es entsteht nun nach dem zähen Ringen um Gemeinsamkeit wieder eine mehr gelöste Stimmung und der gute Wille und die Hoffnung auf eine angenehme weitere Zusammenarbeit.

Zum Schluss

Für unsere zukünftige Zusammenarbeit
wünsche ich mir....

6.3 Reflexion

6.3.1 Neue Organisationsstruktur

Veranstaltung:
Reflexion der ersten Monate in einer neuen Organisationsstruktur

Ausgangslage / Anlass:
In den Abläufen innerhalb der neuen Struktur gab es immer wieder Unklarheiten über Zuständigkeiten und Kompetenzen in den Leitungsfunktionen. Mit der Veranstaltung sollte ein Prozess in Richtung Teamarbeit und Qualitätssicherung angestoßen werden.

Vorgeschichte / Auslöser:
Vier Einrichtungen (Krankenhäuser, Altenheim, Kinderheim) mit kirchlicher Trägerschaft wurden unter einer gemeinsamen Geschäftsführung und Verwaltung in einer GmbH vereint. Als neue Struktur wurde eine Matrixorganisation aus Verwaltungsfunktionen und Leitungen der Betriebsstätten aufgebaut.

Ziele:
Reflexion der Zusammenarbeit in der neuen Struktur. Transparenz über die Ziele in den Einrichtungen und Abteilungen der Matrix und Vereinbarungen über die notwendigen Informationsflüsse untereinander.

Interessen und Stimmungslage:
Großes Interesse daran, mit der neuen Struktur gut umgehen zu können. Viel Bereitschaft einander zuzuhören und Anlaufschwierigkeiten das gemeinsam zu meistern.

Dauer:
2 Tage

Zielgruppe:
Der Geschäftsführer, die Abteilungsleiter Verwaltung und die Leiter der vier Betriebsstätten. (12 Personen)

Fazit:
Neben den konkreten Vereinbarungen war die Gruppe zufrieden damit, sich einmal in aller Ruhe über die neue Situation auszutauschen und die persönlichen Beziehungen zu klären.

Prozessablauf:

Anwärmen

Die Veranstaltung beginnt am Nachmittag nach einem gemeinsamen Kaffeetrinken. Zum gemeinsamen Start gibt es eine Runde (30 Minuten):

> *Zum gemeinsamen Start*
>
> * Mein Name und meine Funktion im Unternehmen
>
> * Was mir z. Z. dort richtig Spass macht - und wo der Spass sich in Grenzen hält ...
>
> * Was ich für die kommenden Tage leicht zurücklassen konnte - und was mir eher schwer fiel ...

In der anschließenden Kleingruppenarbeit haben die Teilnehmer die Möglichkeit, ihre Erwartungen an die Klausurtagung auszutauschen (30 Minuten).

> **Zu den Erwartungen**
>
> ✱ was ich mir für die zwei
>   Tage hier wünsche...
>
> ✱ und worauf ich gut
>   verzichten kann...
>
>
> - in Dreiergruppen austauschen
> - in einer frei gewählten Form ins Plenum bringen
> - 30 min.

Orientieren

Der Geschäftsführer präsentiert die Ideen und Visionen, die er mit der neuen Organisationsstruktur verbindet. Danach haben die Teilnehmer die Gelegenheit, Fragen zu dieser Präsentation zu stellen und beantwortet zu bekommen. Die Fragen werden gesammelt, auf Karten formuliert und anschießend der Reihe nach vom Geschäftsführer beantwortet. Die Prozessmanager visualisieren die Antworten simultan mit. (45 Minuten)

Als nächster Schritt folgt eine Reflexion der bisherigen Zusammenarbeit in der neuen Struktur. Die Kleingruppen werden danach zusammengestellt, wer mit wem viel zu tun hat. (60 Minuten)

> **Erfahrungsaustausch über unsere Zusammenarbeit**

...was klappt (schon) ganz gut?	...wo hakt's immer wieder?

.... was sollen / müssen wir hier klären?

Die Kleingruppen präsentieren ihre Ergebnisse und daraus abgeleitet werden die Themen für die weitere Bearbeitung (30 Minuten).

Bearbeiten

Der nächste Morgen beginnt mit einem kleinen „Wetterbericht" als Anwärmrunde: Jeder sagt etwas zu der Frage „wenn meine Befindlichkeit heute morgen ein Wetter wäre...". (15 Minuten)

Für die Bearbeitungsreihenfolge schlagen die Prozessmanager vor, die Themen zuerst zu bearbeiten, die mit den Beziehungen und dem Kommunikationsverhalten untereinander zu tun haben.

Als Einstieg erhalten die Teilnehmer einen Input zum Kommunikationsmodell „Wahrnehmen – Vermuten – Bewerten" und zu den Feedback-Regeln (20 Minuten).

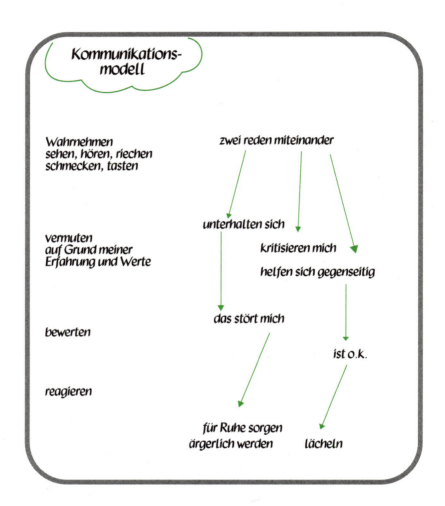

> **Ein paar Feedback - Regeln**
>
> *Feedback - Geber*
>
> ✱ Wahrnehmungen von Vermutungen trennen
> ✱ Ich - Botschaften senden
> ✱ innere Haltung:" ich erlebe das so" statt "so ist es/so bist du"
> ✱ ich helfe dem anderen, einen blinden Fleck zu entdecken
>
> *Feedback - Nehmer*
>
> ✱ Feedback ist kein Auftrag, sich zu ändern, sondern Transparenz darüber, wie mein Verhalten bei andern ankommt
> ✱ ich entscheide, ob ich das Feedback nutzen will, um den blinden Fleck in der Selbstwahrnehmung zu erhellen
> ✱ ich kann fragen nach dem Teil/den Teilen von mir, zu denen ich Feedback haben möchte

Als Arbeitsanweisung bekommen die Teilnehmer folgende Struktur:

- „Verabreden Sie sich mit den zwei oder drei Personen, mit denen Sie gern Ihre Beziehung klären möchten. Legen Sie die Reihenfolge der Gespräche fest. Nehmen Sie sich für jedes Gespräch ca. 20 Minuten."

Nach einer Stunde war ersichtlich, dass viel mehr Klärungsbedarf vorhanden war, als angenommen. Deshalb wurde die Zeit für die Feedback-Gespräche verlängert. Gesamtzeit für diesen Klärungsschritt inkl. Pause: 120 Minuten

> **Feedback - Markt**
>
> Verabreden Sie sich mit zwei oder drei Personen, mit denen sie gern ihre Beziehung klären möchten. Legen Sie die Reihenfolge der Gespräche fest. Nehmen Sie sich für jedes Gespräch ca. 20 Min Zeit.

Zum Abschluss dieser Sequenz wird Transparenz darüber hergestellt, wie die Teilnehmer die vorangegangene Beziehungsarbeit erlebt haben. Dies geschieht mit Hilfe einer Ein-Punkt-Frage. Die Teilnehmer kleben ihre Punkte und antworten zunächst auf die Frage nach dem allgemeinen Eindruck des Bildes, danach individuell über ihren Punkt. Die Prozessmanager visualisieren die Aussagen mit. (15 Minuten)

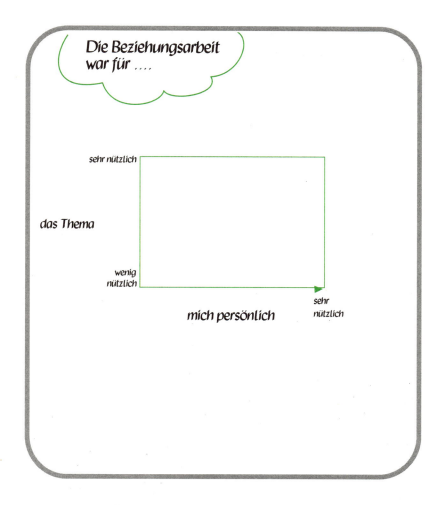

Der nächste Schritt dient zur Formulierung der Ziele, die die jeweilige Organisationseinheit für sich festlegen und vereinbaren möchte. Als Einstieg dazu trägt die Gruppe zusammen mit dem Geschäftsführer noch einmal die Ziele für das Gesamtunternehmen zusammen.

(30 Minuten)

Am Nachmittag arbeitet jede Gruppierung an ihren Zielformulierungen, die auf einer Pinwand festgehalten werden (60 Minuten).

Anschließend stellen die einzelnen Einheiten ihre Ziele den anderen Teilnehmern vor. Nach Abschluss der Präsentationen werden die einzelnen Ergebnisse diskutiert und auf ihre Realisierbarkeit überprüft. Die Prozessmanager visualisieren diesen Prozess simultan mit. Außerdem halten sie auf einer separaten Pinnwand die Punkte fest, über die die Gesamtgruppe noch Einigkeit erzielen muss, daneben läuft eine Pinnwand mit offenen Fragen, die für die endgültigen Zielverabredungen in dieser Klausur noch beantwortet werden müssen. (120 Minuten)

Ende des Arbeitstages.

Nach einer kleinen Runde zum Einstieg in den letzten Arbeitsabschnitt („Wie gehe ich in die letzte Runde unserer Tagung?" – 15 Minuten) werden zunächst die offenen Fragen behandelt und beantwortet. Die Prozessmanager visualisieren den Prozess simultan mit. (45 Minuten)

Danach werden die Vereinbarungen diskutiert und verabschiedet und mit „Kümmerern" für die einzelnen Themen versehen. Auch hier visualisieren die Prozessmanager simultan mit. (110 Minuten)

Abschließen

Mit einer Ein-Punkt-Frage beenden die Prozessmanager die Veranstaltung.
Die Kommentare zu den Punkten geben die Teilnehmer in Form eines Blitzlichts und werden nicht mitvisualisiert. (20 Minuten)
Abschied.

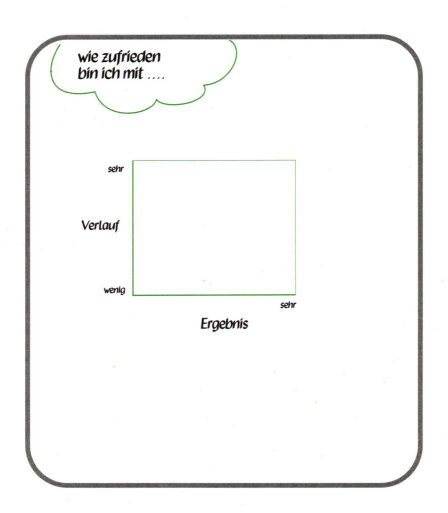

6.3.2 Veränderung der Kultur

Veranstaltung:
Workshop zum Thema: Arbeit an unserer Kultur

Ausgangslage / Anlass:
Dieser Veranstaltung gehen 2 Treffen voraus. Im Vorfeld ist klar, dass zwei Abteilungsleiter gehen werden und die „Neuen" zu diesem Treffen noch nicht da sind. Trotzdem beschließt die Gruppe, am Thema weiter zu arbeiten.

Vorgeschichte / Auslöser:
Die Geschäftsleitung wünscht für sich und ihre Abteilungsleiter eine Kulturentwicklung. Das Unternehmen ist schnell gewachsen, personell und umsatzmäßig.

Ziele:
Review zu den vorangegangenen Veranstaltungen
Team- und kulturrelevante Themen sammeln
Vereinbarung über weitere Vorgehensweise treffen

Interessen und Stimmungslage:
Mehrere Abteilungsleiter sind weggegangen, z.T. sind die Stellen noch nicht wieder besetzt. Dadurch ist viel Hektik und Druck entstanden. Es ist aber auch ein Gefühl da, wieder von vorn zu beginnen.

Dauer:
1 Tag

Zielgruppe:
2 Geschäftsführer, 5 Abteilungsleiter

Fazit:
Die Aussage eines Abteilungsleiters beschreibt die Situation sehr typisch: Wenn die Prozessmanager da sind, nehmen wir uns mehr Zeit für unsere Arbeitsbeziehungen und unsere Themen. Wir arbeiten konzentrierter und ergebnisorientierter und damit qualitativ besser.

Prozessablauf:

Anwärmen

Die Prozessmanager beginnen die Veranstaltung mit dem Vorstellen der Ziele für den heutigen Tag (20 Minuten).

Ziele des heutigen Tages

* Review zu Mai und August
* Team- und kulturrelevate Themen sammeln
* Vereinbarungen über die weitere Vorgehensweise treffen
* neue Mitarbeiter einbringen

Um sich auf den heutigen Tag einzustellen wird der Gruppe eine Ein-Punkt-Frage angeboten (30 Minuten).

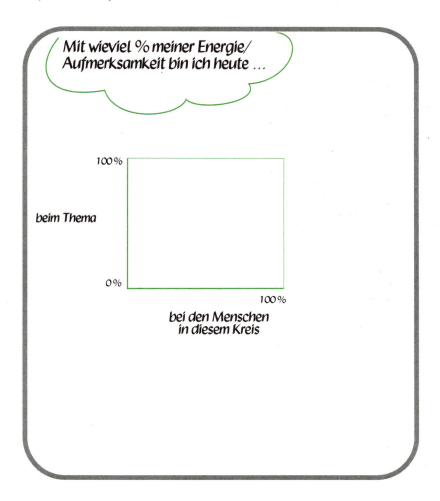

Orientieren

Anschließend setzen sich die Teilnehmer zusammen und reflektieren die vergangenen Monate in Form eines Kreisgesprächs (45 Minuten).

> **Review**
>
> ✻ Was hat sich
>   für mich seit Mai/August
>   geändert +/- ?
>
> ✻ Was im Team soll so
>   weiter gemacht werden
>   wie bisher?
>
>   wie?
>
>   ✻ es spricht immer nur eine/r
>   ✻ keine Diskussionsleitung
>   ✻ eigene Erfahrungen
>   einbringen
>   ✻ kurze Beiträge

Bearbeiten

Das Plenum teilt sich in 2 Kleingruppen, die Kleingruppen finden sich nach Sympathie und die 2 Geschäftsführer verteilen sich auf jede Kleingruppe. Gruppe A arbeitet mit einer lösungsorientierten Fragestellung, Gruppe B mit einer problemorientierten.
(60 Minuten)

> Um an unserer Kultur zu arbeiten ....

✳ Gruppe A:
  Woran können Ihre Kunden merken, dass Sie eine "gute Kultur" haben?

• Welche Themen, Fragen liegen dahinter?

✳ Gruppe B:
  Welche Schwierigkeiten/Probleme müssen wir lösen?

Vorstellen der Kleingruppenergebnisse:

Die Aussagen der Kleingruppen werden in Themen zusammengefasst. Durch die Diskussion im Plenum entsteht ein weiteres Thema. Alle Themen werden auf Überschriftstreifen geschrieben – das Kartenformat war hier zu klein. (60 Minuten)

In 3 Kleingruppen werden je 3 Themen bearbeitet (90 Minuten).

> *Zu den Fragen 1 - 9*

- *In welcher Bearbeitungsform soll die Frage ..... bearbeitet werden?*
- *Wer soll daran arbeiten?*
- *Zeitbedarf bis zu ersten Lösungsideen*

Vorstellen im Plenum:

Nach jeder Präsentation werden die Themen in die Liste der „Aktivitäten" aufgenommen. Die Wer-Spalte wird ausgefüllt, wenn alle Aktivitäten ausgefüllt sind. Anschließend wird ein Kümmerer ausgewählt und gemeinsam festgelegt, wer die „neuen" Abteilungsleiter informiert. (120 Minuten)

Aktivitätenliste

Thema Nr.	Bearbeitungs-form	wer alles?	erste Lösungs-ideen bis wann?	ergänzende Bemerkungen

Abschließen

Mit einem Blitzlicht endet die Veranstaltung. Es wird die Frage vom Beginn wieder aufgegriffen, damit haben die Teilnehmer die Möglichkeit den Start mit dem Ende zu vergleichen. (30 Minuten)

Zum Abschluss

Mit wieviel % meiner Energie/ Aufmerksamkeit war ich heute beim Thema und bei den Menschen in diesem Kreis?

wie:
* jeder spricht von sich
  es wäre schön, wenn jede/r was sagt
* so kurz wie möglich
* es gibt keine Reihenfolge
* keine Diskussion

6.4 Präsentation mit Diskussion

6.4.1 Stand der Teilprojekte

Veranstaltung:
Stand der Teilprojekte: Präsentation mit anschließender Diskussion

Ausgangslage / Anlass:
1. Zwischenbericht über die Themen der Teilprojekte

Vorgeschichte / Auslöser:
Der Workshop ist einer von mehreren Veranstaltungen in einem laufenden Projekt zum Thema „Kulturveränderung". Zum Start des Projektes ist dem Bereichsleiter wichtig, eine hohe Beteiligung der Mitarbeiter zu ermöglichen. Deshalb nehmen der Bereichsleiter, die Abteilungsleiter und 1 bis 2 Mitarbeiter aus jeder Abteilung daran teil. Jeder Abteilungsleiter hat ein Thema als Pate zu vertreten.

Ziele:
Transparenz über den Stand der Themen herstellen
Ergänzungen ermöglichen und weitere Bearbeitung organisieren

Interessen und Stimmungslage:
Die Teilnehmer kommen gestresst und auf den letzten Drücker an. Sie sind in der Zwischenzeit durch ständige Aktionen mit vielen anderen Themen beschäftigt. Die meisten Aktionen sind mit dem Projekt „Kulturveränderung" nicht vernetzt. So können sie keine Zusammenhänge erkennen.

Dauer:
1,5 Tage

Zielgruppe:
1 Bereichsleiter, 9 Abteilungsleiter und 10 Mitarbeiter aus den Abteilungen

Fazit:
Im Anschluss an dieses Treffen übernahm der Bereichsleiter mit einem Abteilungsleiter die Aufgabe, alle Projekte und Aktionen miteinander zu vernetzen, damit die Zusammenhänge deutlicher werden.
Inhaltlich waren die Teilprojekte auf dem Stand einer Ist-Beschreibung. Neue Wege und Innovationen mussten durch die Prozessmanager angestoßen werden und wurden als „Hausaufgaben" vereinbart.

Prozessablauf:

Anwärmen

Der Bereichsleiter begrüßt die Gruppe (15 Minuten).
Zum Einstieg wird eine Ein-Punkt-Frage gestellt (40 Minuten):

"Stimmungen und Miteinander" im Bereich haben sich in den letzten Monaten ....

verschlechtert   verbessert

Orientieren

Die 4 Teilprojekte werden aufgelistet und die Reihenfolge der Präsentation mit dem jeweiligen Zeitbedarf mit der Gruppe festgelegt (30 Minuten).

Bearbeiten

Das Teilprojekt 1 wird mit Folien präsentiert. Anschließend werden Verständnisfragen im Plenum beantwortet. Hier achten die Prozessmanager darauf, dass wirklich nur Verständnisfragen gestellt werden und nicht schon eine inhaltliche Diskussion beginnt. (60 Minuten)

Dann teilt sich das Gesamtplenum in 4 Kleingruppen auf und arbeitet dort zu folgenden Fragen (30 Minuten):

zum Einstieg in die Diskussion .....

Welche Ideen, Vorschläge .... teilen wir, an welchen Stellen widersprechen wir?	Was ist/was wäre herausfordernd?
Was wir an Bewährtem mitnehmen	was wir bei uns ändern müssen ... von ... zu ...

Das Vorstellen der 4 Kleingruppenergebnisse wird in Form einer Vernissage gemacht. Die Kleingruppen präsentieren ihre Wände von der jeweiligen Arbeitsecke aus und das Plenum wandert zu den jeweiligen Wänden.
Nach dem Vorstellen können inhaltliche Beiträge der anderen Kleingruppenmitglieder ergänzt werden. Unterschiedliche Sichtweisen werden von den Prozessmanagern auf das Plakat geschrieben.

(60 Minuten)

Anschließend folgt die Präsentation und Diskussion der Teilprojekte 2, 3 und 4. Dafür werden weitere 3 x 50 min für Präsentationen, Diskussionen und Kleingruppenarbeit benötigt.

Der nächste Schritt ist dann, die weitere Bearbeitung festzulegen. Die Prozessmanager leiten diese Diskussion im Plenum mit Hilfe des folgenden Plakates. (60 Minuten):

Themen, Verabredungen

Abschließen

Die Veranstaltung schließt mit einer Ein-Punkt-Frage (35 Minuten):

> Wenn ich an die Zukunft des Projekts - jetzt - denke ...

bin ich sehr zuversichtlich	Zuversichtlich	so la la	weniger zuversichtlich	sehe ich schwarz

6.4.2 Auswirkung der Globalisierung

Veranstaltung:
Präsentation mit Diskussion „Auswirkungen der Globalisierung auf das Personalmanagement"

Ausgangslage / Anlass:
Es wurde eine Studie zum Thema Globalisierung erstellt. Die Ergebnisse sollen diskutiert werden und relevante Themen für das Personalmanagement identifiziert werden.

Vorgeschichte / Auslöser:
Im Zuge der Europäisierung sollen die Niederlassungen der Bank mehr gemeinsame Strategien entwickeln. Die internationale Zusammenarbeit soll ausgebaut werden.

Ziele:
Information der Teilnehmer
Entwickeln eines gemeinsamen Verständnisses
Identifizieren von relevanten Themen für die Personalabteilung
Überlegungen zur weiteren Vorgehensweise

Interessen und Stimmungslage:
Interesse und Motivation, aber auch Verunsicherung über Auswirkungen der Globalisierung

Dauer:
1/2 Tag

Zielgruppe:
Die gesamte Abteilung PE/OE mit ihrem Abteilungsleiter, 3 Gruppenleiter und alle Mitarbeiter PE/OE, insgesamt 12 Teilnehmer

Fazit:
Positive Zufriedenheit aller über die Erkenntnisse, aber auch die Einschätzung, dass grundlegende Änderungen nicht ausbleiben werden und diese möglicherweise dann auch schwierig werden könnten.

Prozessablauf:

Anwärmen

Damit die Teilnehmer sich in die Thematik eindenken und sich ihre eigenen Vorstellungen zum Thema ins Bewusstsein rufen, wird mit einer Zuruffrage ein erstes Sammeln von Begrifflichkeiten vorgenommen. (15 Minuten)

Orientieren

Jetzt wird der Vortrag über die Ergebnisse der Studie „Auswirkungen der Globalisierung auf das Personalmanagement" gehalten. Verständnisfragen sind erlaubt und werden auch während des Vortrags gestellt. Diskussionsbeiträge werden zurückgestellt. (30 Minuten)

Nach Ende des Vortrags wird mit einer Ein-Punkt-Frage Transparenz darüber hergestellt, wie die Teilnehmer den Handlungsbedarf einschätzen. Bei den Aussagen dazu wollen die Teilnehmer schon in inhaltliche Diskussionen einsteigen. Sie werden gebeten, bei Kommentaren zu ihrer Einschätzung zu bleiben und erste Eindrücke zu schildern. (15 Minuten)

Sammlung der relevanten Themen auf Zuruf:

Welche Themen sind für die Abteilung PE/OE relevant?

Es werden viele Themen genannt, die für die Teilnehmer und ihre Abteilungen relevant scheinen. Dort tauchen auch Befürchtungen der Teilnehmer auf und werden mit aufgenommen. Im Rahmen einer Mehr-Punkt-Frage werden die Prioritäten und entsprechend die Rangfolgen festgelegt. (45 Minuten)

Welche Themen sind für Ihre Abteilung relevant?				Welche Themen müssen Sie vorrangig bearbeiten?	
Thema	P	R		P	R
1			7		
2		C	8		B
3			9		
4		A	10		
5			11		
6					

Bearbeiten

In einer Kleingruppenarbeit werden anschießend erste Schritte zusammengetragen, die dazu führen, das jeweilige Thema weiter zu verfolgen (45 Minuten).

Die Aussagen der Kleingruppen werden im Plenum präsentiert und diskutiert. Erste Schritte werden gemeinsam formuliert und in einen Maßnahmenkatalog übernommen.

Welche Schritte schlagen Sie vor?

Schritte?	wer?	mit wem?	bis wann?	an wen?	in welcher Form?

Abschließen

Zum Abschluss wird in einem Blitzlicht nach der Zufriedenheit mit der Veranstaltung gefragt und nach der Stimmung im Hinblick auf die Zukunft (15 Minuten).

6.5 Konzeptarbeit

6.5.1 Zukunftsworkshop

Veranstaltung:
Zukunftsworkshop einer Abteilung als Startpunkt eines Prozesses zur Bereichsentwicklung

Ausgangslage / Anlass:
Die Bereichsleitung möchte einen Entwicklungsprozess auf Bereichsebene initiieren. Eine Abteilung beginnt den Prozess mit einem Zukunftsworkshop.

Vorgeschichte / Auslöser:
Das Unternehmen, ein Energieversorger, sieht sich mit veränderten Marktanforderungen konfrontiert. An vielen Stellen im Unternehmen beginnt man, sich mit Veränderung zu befassen.

Ziel:
Erarbeiten eines Entwicklungsweges mit den Bestandteilen:
– Standortbestimmung
– Vision
– Kraftfeldanalyse für fördernde und hemmende Einflüsse im Prozess

Interessen und Stimmungslage:
Zum einem gibt es jüngere veränderungsbereite, zum anderen ältere, eher bewahrende Mitarbeiter in dieser Abteilung

Dauer: 1,5 Tage

Zielgruppe:
Die komplette Abteilung, insgesamt 13 Teilnehmer

Fazit:
Die Stimmung ist gut. Die Motivation der Teilnehmer wurde erhöht und mit neuer Kraft der Alltag wieder aufgenommen.

Prozessablauf:

Anwärmen

Die Veranstaltung beginnt am Abend mit einem gemeinsamen Abendessen.

Zum Kennenlernen und vertraut werden miteinander geben die Prozessmanager der Abteilung einen Gruppenspiegel. Bis zum Arbeitsbeginn haben die Teilnehmer die Möglichkeit, ihre Felder auszufüllen.

Gruppenspiegel

Mein Name	Aufgabe in meinem Bereich	Womit man mir eine Freude machen kann…	Was mich nerven/stören kann …	Wenn ich nicht arbeite, tue ich gerne …

Präsentation des Gruppenspiegels durch die Teilnehmer (30 Minuten).

Anschließend werden die Arbeitsschritte vorgestellt (5 Minuten).

> **Steps**
>
> ✱ ankommnen, reinkommen
>   zusammenkommen
>
> ✱ Bestandsaufnahme:
>   - Kunden   - Produkte
>   - Leitideen   - Schwierigkeiten
>
> ─ ─ ─ ─ ─ ─ ─ ─ ─ ─ ─ ─ ─ ─ ─ ─
>
> ✱ Perspektive: Ideen und Fragmente
>   für ein "Controlling von morgen"
>
> ✱ Einflüsse: Controlling im Kraftfeld
>   unter Einfluss von ...
>
> ✱ Entwicklung: ein gemeinsames Bild
>   des Entwicklungsprozesses

Eine Ein-Punkt-Frage dient zum inhaltlichen Anwärmen:

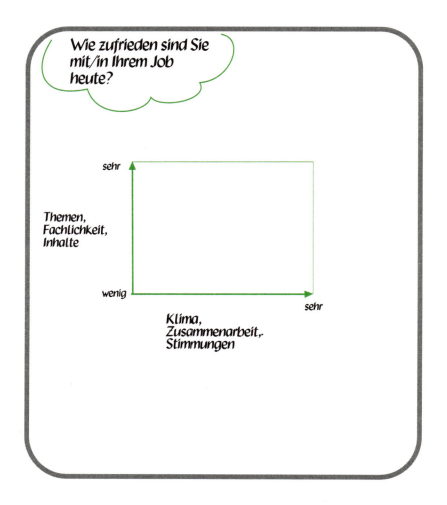

Die Teilnehmer kleben ihre Punkte in das Koordinatenfeld. Die – zuerst allgemeinen, dann auf die Punkte bezogenen – Aussagen werden von den Prozessmanagern mitvisualisiert. (20 Minuten)

Orientieren

Die Orientierungsphase beginnt mit einer Standortbestimmung zu dem Thema. Mit dem angebotenen Raster können die Teilnehmer ihre Ist-Situation in Kleingruppen reflektieren. Die Zusammensetzung der Kleingruppen erfolgt nach dem Kriterium „ähnliche Aufgaben" in der Abteilung. (45 Minuten)

> Controlling heute ...

Kunden: Für wen genau ich heute arbeite ...	Produkte: was ich anbiete (und wie es angenommen wird ...)
Leitideen: welchen Prinzipien, Werten, Ideen ich mich verpflichtet fühle...	Schwierigkeiten: welche Hindernisse, Reibungen,.... mir immer wieder begegnen

Regie:
- zu zweit, evtl. zu dritt mit ähnlichen Aufgaben
- 45 Minuten
- Vorstellen im Plenum

Die 4 Kleingruppenergebnisse werden im Plenum präsentiert (70 Minuten).

Im nächsten Schritt werden die Teilnehmer eingeladen, das Controlling der Zukunft zu entwerfen. Das Plenum teilt sich in 3 Kleingruppen auf. (45 Minuten)

> **Controlling der Zukunft ist wie ....**
>
> Finden Sie ein Bild, eine Metapher, ein Symbol,....., das die Rolle eines erfolgreichen Controllings in einer florierenden Zukunft unseres Unternehmens darstellt!
>
> - wie genau sieht das aus?
> - was gibt es da alles?
> - was alles kann man da erleben?
> - was darf man sich nicht entgehen lassen?
> - ....
>
> **Wie?**
> - Erstellen Sie ein Bild
> - zu dritt/zu viert in einer Kleingruppe
> - anschließend im Plenum vorstellen

Die anschließende Präsentation wird als „Vernissage" gestaltet. Die Gruppe geht von Plakat zu Plakat und lässt sich das jeweilige Bild vorstellen. Kommentare, Assozationen und Fragen zum Verständnis sind dabei gestattet.
Die Prozessmanager schreiben nach jeder Präsentation auf das jeweilige Plakat oder auf einem Plakat mit dem Titel „Kommentare, Assoziationen." die Anmerkungen der Gruppe mit. (40 Minuten)

Bearbeiten

Nach diesem Schritt bekommen die Teilnehmer Fragen zur Vertiefung der Zukunftsideen. Die Prozessmanager wählen die Form eines Zukunftsspaziergangs:

dabei gehen jeweils zwei Teilnehmer miteinander im schönen Umfeld des Tagungshauses spazieren und bereden, welche der Zukunftsideen sie gerne weiterverfolgen möchten. (30 Minuten)

Der anschließende Austausch im Plenum wird von den Prozessmanagern mitvisualisiert. Hier entsteht eine lebhafte Diskussion, deren Verlauf sich auf dem simultan entstehenden Plakat abbildet. (60 Minuten)

Im Anschluss an die Diskussion tragen die Teilnehmer zusammen mit den Prozessmanagern die Umfeldeinflüsse zusammen, mit denen das Controlling der Zukunft zu rechnen hat.

> **Umfeldeinflüsse in der Zukunft**
>
> Welche Kräfte
>   Gremien
>   Anspruchsteller
>   Unterstützer
>   ....
>
> wirken auf "Controlling von morgen" ein?
>
> - unterstützend
> - fördernd
> - stabilisierend
>
> - hemmend
> - bremsend
> - gefährdend

Es entsteht eine „Landkarte" von fördernden und hemmenden Einflussgrößen, das Kraftfeld, in dem sich Controlling bewegen wird. (25 Minuten)

Zur Integration von Bestandsaufnahme, Zukunftsideen und Kraftfeld bieten die Prozessmanager den Teilnehmern die folgende Struktur („Entwicklungsprozess") an. In Kleingruppen ziehen die Teilnehmer ein Fazit aus den jeweiligen Arbeitsschritten und ermitteln, welche konkreten Themen für ihre Abteilung nun anzugehen sind. Die Ergebnisse werden auf Karten zusammengetragen und füllen sukzessive das Bild. (90 Minuten)

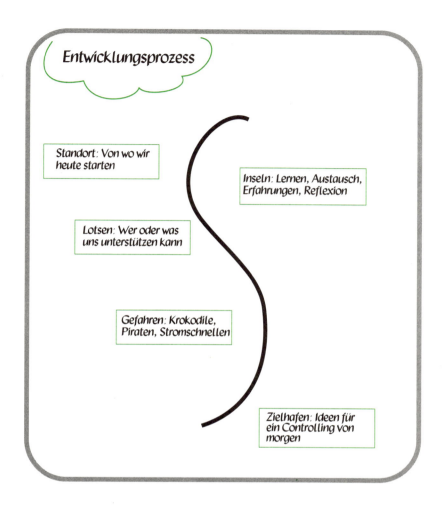

Zum Ende der Veranstaltung kommt der Bereichsleiter hinzu, um sich über den Stand der Erarbeitung zu informieren und der Abteilung die Wichtigkeit Ihrer Arbeit zu verdeutlichen. Die Gruppe nutzt das entstandene Bild, um ihre Ergebnisse der Bereichsleitung vorzustellen.

Abschließen

Zum Beenden der Veranstaltung organisieren die Prozessmanager eine Abschlussrunde (45 Minuten).

Im Rückblick auf die letzten 24 Stunden ...

✸ wie zufrieden bin ich mit

- ➔ Ablauf und
- ➔ Ergebnis

✸ In welcher Stimmung
ich nun .... von dannen ziehe ....

6.5.2 Entwickeln eines Unternehmensleitbildes

Veranstaltung:
Entwicklung eines Unternehmens-Leitbildes

Ausgangslage / Anlass:
Die Führungsebene und die Mitarbeiter sollten an der Formulierung eines Leitbilds beteiligt werden. Die Unternehmensleitung war dabei offen für alle Vorschläge.

Vorgeschichte / Auslöser:
Das Unternehmen war seit Generationen im Besitz einer Familie. Der Sohn und designierte Nachfolger der Seniorchefin war mit einem neuen Marketingkonzept befasst, mit dem das Geschäft den Wettbewerb in der Branche bestehen sollte. Im Kontext mit der Marketingstrategie kam das Thema „Leitbild" auf.

Ziele:
Aspekte für ein Leitbild sammeln
Unterschiedliche und gemeinsame Sichtweisen diskutieren
Weiteres Vorgehen festlegen

Interessen und Stimmungslage:
Der Unternehmensleitung war es wichtig, Tradition und Zukunft in Einklang zu bringen und die betroffenen Menschen mit einzubeziehen. Die eingeladene Gruppe war zunächst nicht ganz sicher, ob in der bis jetzt patriarchalischen Führungsstruktur ihre Mitsprache tatsächlich gewünscht war.

Dauer:
1,5 Tage

Zielgruppe:
Die Führungskräfte und die Geschäftsleitung des Unternehmens, insgesamt 9 Personen

Fazit:
Damit das Leitbild nicht nur ein Stück Papier wird, wurde in der Veranstaltung klar, dass noch eine ganze Reihe von Themen mit den Mitarbeitern zu diskutieren sind. Und erst daraus würde das Leitbild formuliert und zum Leben erweckt werden können. Es gab dann eine Verabredung, wer in dem Projektteam zur Weiterverfolgung des Themas mitarbeiten würde. So mischte sich Energie zum Weitermachen mit der ernüchternden Klarheit, was jetzt als erster Schritt ansteht.

Prozessablauf:

Anwärmen

Die Veranstaltung beginnt am Abend nach einem gemeinsamen Abendessen.

Die Prozessmanager geben eine Übersicht über die Ziele (20 Minuten).

> **Was wir in den 1 1/2 Tagen vorhaben ....**
>
> * etwas zum Kennenlernen
> * Einstieg ins Thema
> * alle wesentliche Aspekte und Themen eines Leitbildes zusammentragen
> * gleiche und unterschiedliche Sichtweisen transparent machen
> * Diskussion und Festlegung der Teilbereiche des Leitbildes
> * Vorschläge für das weitere Vorgehen
> * Abschluss

Da nicht alle aus der Gruppe die Prozessmanager kennen, wird mit einer Kennenlernrunde gestartet (60 Minuten).

> **Zum Ankommen und gemeinsam starten**

- Mein Name
- Meine Funktion im Unternehmen
- Wann und wie ich zum Unternehmen gekommen bin
- Wenn ich an diese Klausur denke
  Was sollte hier nicht passieren?
  Was wünsche ich mir?

Wie?
   Jede/r sagt etwas zu den Fragen
   Jemand fängt an und jemand anderes macht weiter
   Die Prozessmanager machen mit

Es folgt ein informelles Beisammensein, das von den Auftraggebern ausdrücklich gewünscht und von den Prozessmanagern sehr unterstützt wird.

Orientieren

Der folgende Morgen beginnt mit dem Einstieg ins Thema „Leitbild" mit folgendem Arbeitsauftrag (30 Minuten):

> **Einstieg ins "Leitbild"**
>
> * Welches Symbol, Bild, welche Metapher fällt mir zum Thema "Leitbild" ein?
> * Was soll aus meiner Sicht ein Leitbild für unsere Unternehmen bewirken?
>
>
> Was zu tun ist?
>   Jede/r findet ein Symbol, Bild,...
>   zu zweit/dritt zu den Fragen austauschen
>   Zeit 30 Min

Danach berichtet jede Kleingruppe im Plenum, welche Symbole, Bilder sie gefunden haben und was sie bezogen auf das Thema „Leitbild" bedeuten.
Die Plenumsequenz wird von den Prozessmanagern mitvisualisiert, so entsteht ein Plakat mit der Überschrift: „Was das Leitbild für unser Unternehmen bewirken soll...".
(45 Minuten)

Als nächstes steht an, eine Einschätzung über die zeitliche Dimension, für die das Leitbild entwickelt werden soll, zu bekommen. Dazu schlagen die Prozessmanager folgende Ein-Punkt-Frage vor (20 Minuten):

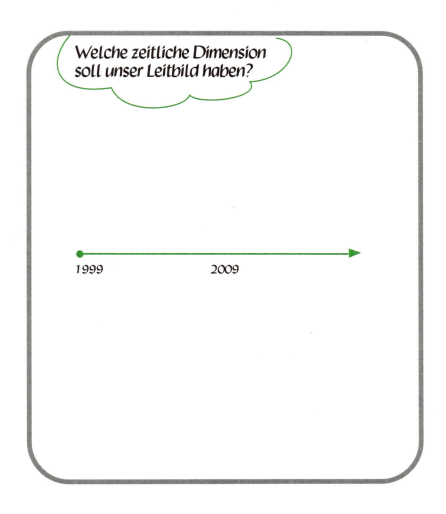

Die Teilnehmer punkten auf dem Kontinuum und kommentieren anschließend ihre Position. Die Prozessmanager visualisieren die Aussagen mit.
An dieser Stelle wollen die Teilnehmer immer wieder darüber diskutieren, was überhaupt ein Leitbild ist. Die Prozessmanager entscheiden aus der Situation heraus mit der Gruppe die Kriterien für die Formulierung eines Leitbilds zu sammeln.
(15 Minuten)

> **Kriterien für die Formulierung eines Leitbildes**
>
> * der Wille, die Entwicklung, der Weg soll deutlich werden
>
> * das Ziel soll verhaltensorientiert d.h. beobachtbar formuliert sein
>
> * maximal 10 Aussagen
>
> * das, was ins Leitbild soll, muss von den Entscheidern definiert werden ....
> .....das wie muss diskutiert werden

Bearbeiten

Dieser Abschnitt wird eingeleitet durch einen kurzen Input, unter welchen Aspekten man ein Leitbild beleuchten kann. Die Prozessmanager geben drei Aspekte vor: Menschen, Organisation, Ausstattung. (25 Minuten)

Sodann bekommt die Gruppe den Arbeitsauftrag mit folgenden Fragen an ihrem Leitbild zu arbeiten:

> **Fragen zu Aspekten des Leitbildes**

Was macht uns einzigartig? ...stolz? Was ist unsere Stärke?

Menschen

Organisation

Ausstattung

Das Plenum teilt sich in 3 Kleingruppen auf und formuliert Aussagen zu den einzelnen Aspekten (60 Minuten).

Die Kleingruppen präsentieren ihre Ergebnisse im Plenum. Die Fragen zum Verständnis werden beantwortet. (45 Minuten)

Danach werden all drei Stellwände sichtbar aufgestellt. Zur weiteren Bearbeitung bekommt die Gruppe die Frage: „Was alles soll unser Leitbild beinhalten?" Jedes Kleingruppenergebnis wird anhand dieser Fragestellung durchgegangen.
In der Diskussion entscheiden die Teilnehmer, über welche Aussagen Einigkeit besteht und welche Themen noch zu diskutieren sind.

Die Prozessmanager schreiben die Aussagen auf Karten und gruppieren sie in die beiden Kategorien:
(80 Minuten)

> **Was soll unser Leitbild beinhalten?**
>
> | darüber sind wir uns einig | noch zu diskustieren |
> |---|---|
> | | |

Danach gilt es, einen ersten Versuch zur Formulierung eines Leitbildes zu wagen. Trotz mehrerer Alternativen ist es zu diesem Zeitpunkt noch nicht möglich, eine von allen getragene Formulierung zu finden.
(60 Minuten)

Deshalb schlagen die Prozessmanager an dieser Stelle vor, das Thema außerhalb der Veranstaltung weiter voranzutreiben.

Die Prozessmanager organisieren die Weiterbearbeitung des Themas. Es wird festgelegt, wer in welcher Phase des Leitbild-Diskussionsprozesses beteiligt wird und wer in welche Verantwortung gehen muss. (30 Minuten)

Abschließen

Die Veranstaltung wird mit einer Ein-Punkt-Frage beendet. Die Teilnehmer setzen ihre Punkte in das vorbereitete Schema. Die Auswertung der Punkte wird mit einem Blitzlicht verknüpft. Jede/r kommentiert gemäß den Blitzlichtregeln seinen/ihren Punkt. Die Prozessmanager schildern am Schluss ihren Eindruck über die Veranstaltung (ohne einen Punkt geklebt zu haben). (20 Minuten)

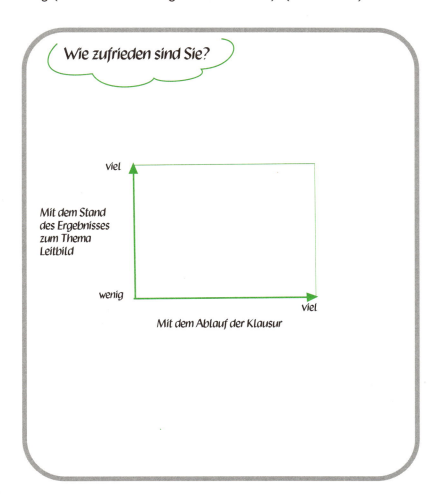

6.5.3 Lernbedarfsermittlung

Veranstaltung:
Lernbedarfsermittlung

Ausgangslage / Anlass:
Eine Gruppe Personalleiter/ Personalreferenten wollen eine Ausbildung in systemischem Prozessmanagement machen.

Vorgeschichte / Auslöser:
Die Personalreferenten/ Personalleiter müssen oft Besprechungen leiten, in denen unterschiedliche und oft konträre Interessen vertreten werden, wie z.B. vom Betriebsrat und der Geschäftsleitung. Die Personaler müssen leiten, vermitteln, lenken. Die Ausbildung als Personalspezialist vermittelt dazu keine Fähigkeiten und Kenntnisse.

Ziel:
Ziel des Workshops ist, den Lernbedarf im Sinne eines differenzierten Lernzielkataloges zu ermitteln, um daraus ein Ausbildungskonzept zu entwickeln.

Interessen und Stimmungslage:
Die Teilnehmer sind sehr interessiert, ihren Lernbedarf auszuarbeiten, um eine gute Ausbildung zu bekommen. Einige Teilnehmer haben schon mit anderen Ausbildern negative Erfahrungen gemacht und sind eher zurückhaltend.

Dauer:
1,5 Tage

Zielgruppe:
Personalleiter und Personalreferenten eines Großkonzerns, insgesamt 8 Teilnehmer

Fazit:
Die Teilnehmer waren am Ende der Veranstaltung positiv gestimmt und neugierig. Sie freuten sich auf das erste Seminar.

Prozessablauf:

Anwärmen

Die Teilnehmer werden begrüßt und gebeten, sich in einen Gruppenspiegel einzutragen. Zum Teil kennen sich die Kollegen schon aus den verschiedenen Gesellschaften, die zu einer Holding gehören, zum Teil nur vom Hören sagen. Während sich einige eintragen kommen die anderen miteinander ins Gespräch.

Gruppenspiegel			
Mein Name	woher ich komme und was ich da mache	ich bin bekannt dafür, dass ich gerne…	mit welchen Gedanken, Bildern, Stimmungen ich in diese Woche gehe …

Im Plenum stellt sich dann jeder anhand seiner Aussagen im Gruppenspiegel vor. Durch die Art der Fragen im Gruppenspiegel erfahren auch die Teilnehmer, die sich schon kennen, Neues von ihren Kollegen.
Die Ziele des Workshops werden von den Prozessmanagern präsentiert und mit den Teilnehmern abgestimmt. Es liegen keine Ergänzungen oder Änderungswünsche vor.

Was wir bis morgen abend zu tun haben .....

- uns gegenseitig kennenlernen und einschätzen, ob und wie wir zusammenpassen

- Ihre Erwartungen/Wünsche und unsere Möglichkeiten dazu klären

- und wenn´s passt: die weiteren Ausbildungspakete, Vorgehensweisen, Termine etc. vereinbaren

- was Inhaltliches

Orientieren

Zum Zusammentragen der Ziele für die Ausbildung werden die Teilnehmer gebeten, zwei Kleingruppen zu je 4 Teilnehmern zu bilden. Die Gruppenbildung erfolgt nach

Lust der Teilnehmer. Es werden keine Kriterien vorgegeben. In dieser Zusammenarbeit soll im Gespräch geklärt werden, welche Vorstellungen jeder Einzelne über seine Entwicklung in der Ausbildung hat. Diese Vorstellungen werden in einer Collage bildlich dargestellt. Hierzu werden den Teilnehmern Zeitschriften als Material gegeben. (60 Minuten)

> **Zum Einstieg in die persönlichen Ziele der Qualifizierung:**
>
> Wie ich am Ende der Ausbildung gerne sein möchte ....
>
> wie:
>
> - in zwei 4er-Gruppen
> - austauschen und sich klären helfen
> - eine gemeinsame Collage erstellen   > 45 Minuten
>
> - im Plenum präsentieren
>   Ähnlichkeiten und Unterschiede

Im Plenum präsentieren die Gruppen ihre Ergebnisse. Gemeinsamkeiten und Unterschiede werden aufgedeckt und diskutiert. (30 Minuten)

Die Ein-Punkt-Frage macht anschließend deutlich, welche Zeitanteile für das Leiten von Gruppen aufgewendet werden. In der sich anschließenden Diskusssion wird klar, dass es große Unterschiede gibt zwischen den Teilnehmern und den verschiedenen Gesellschaften. Aber, es wird auch klar, dass eine breite Basis für die gemeinsame Ausbildung gegeben ist. (30 Minuten)

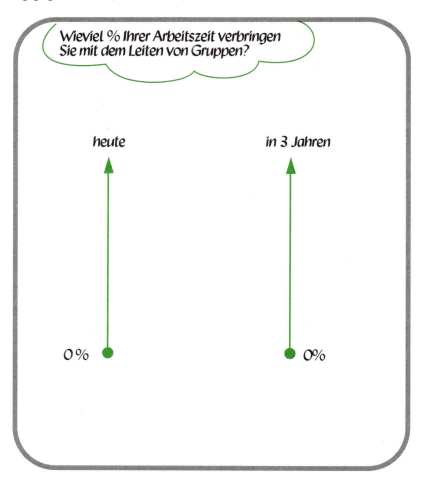

Bearbeiten

In der ansschließenden Kleingruppenarbeit werden die detaillierten Lernwünsche zusammengetragen. Es wird bewusst nach Situationen gefragt und nicht nach Lerninhalten. So ist es für die Teilnehmer einfacher, auch Defizite zu identifizieren und zu nennen. (45 Minuten)

Die Teilnehmer präsentieren und besprechen ihre Ergebnisse. Sie verschaffen sich Klarheit darüber, welche Lernwünsche sie genau haben. (30 Minuten)

Die Prozessmanager, die selbst als Trainer die späteren Ausbildungsmodule durchführen werden, stellen diesen Lernwünschen ihr Ausbildungskonzept gegenüber und erklären, welche Lernwünsche sich in welchem Ausbildungsbaustein befindet. Es werden keine wesentlichen Diskrepanzen identifiziert. (30 Minuten)

Die Prozessmanager und die Teilnehmer einigen sich auf Termine für die Ausbildungsbausteine (20 Minuten).

Abschließen

In einer Schlussrunde werden als Blitzlicht zwei letzte Fragen beantwortet (15 Minuten):

Zum Abschluß...

- Wie die letzten 24 Stunden für mich waren...
- Und in welcher Stimmung ich nun von dannen ziehe...

6.5.4 Erstellen eines Patientenkonzepts

Veranstaltung:
Erstellen eines Konzeptes für die Zusammenarbeit von Arzt und Pharmaunternehmen im Hinblick auf die Betreuung und die Therapie der Patienten

Ausgangslage / Anlass:
Das Pharmaunternehmen entwickelt und produziert Psychopharmaka für die Behandlung durch Psychiater. Der Einsatz dieser Medikamente ist ein sensibles Thema zwischen Arzt und Patient. Neben der Zusammensetzung der Medikamente spielt die vertrauenswürdige Zusammenarbeit zwischen Arzt und Patient eine wichtige Rolle für den Erfolg der Behandlung.

Vorgeschichte / Auslöser:
Das Pharmaunternehmen erhält kaum Rückmeldung über die Anwendung ihrer Medikamente. Deshalb soll eine Veranstaltung mit Nervenärzten dem Hersteller Information über die Erfahrungen mit den Medikamenten bringen. Diese sollen zur Optimierung der Produkte im Sinne der Patienten beitragen.

Ziele:
- Verbesserung der Medikamente, Darreichungsformen, Beipackzettel, Verordnungen
- Maßnahmen zur Verbesserung des Arzt-Patienten-Verhältnisses festlegen
- Unterstützungsmöglichkeiten eines pharmazeutischen Unternehmens für die Arbeit der Psychiater finden

Interessen und Stimmungslage:
Motivation für Workshop, angenehme Abwechslung zum Stress des Alltags, Workshop-Situation mit Stuhlkreis und Pinnwänden ist unbekannt und erzeugt bei einigen Teilnehmern eine gewisse Skepsis

Dauer:
1,5 Tage

Zielgruppe:
8 Nervenärzte, 1 Prozessmanager, 2 Pharmaexperten des Unternehmens

Fazit:
Die Ärzte arbeiteten nach anfänglicher Skepsis engagiert mit. Die Zweifel an der Methode verringerten sich und waren am Ende nicht mehr vorhanden.

Prozessablauf:

Anwärmen

Die Prozessmanager wählen eine Ein-Punkt-Frage zum Einstieg ins Thema. Es wird die Sicht der Ärzte über die Zufriedenheit der Patienten erfragt. Für die Ärzte ist schon diese Frage sehr ungewöhnlich, da ihre Sicht eher auf Heilung, als auf Zufriedenheit gerichtet ist. In der Diskussion zeigt sich, dass Zufriedenheit auf sehr verschiedene Aspekte bezogen wird. Es wird lebhaft diskutiert.
(30 Minuten)

Orientieren

Mit einer Kartenfrage werden nun alle Störungen im Zusammenhang mit dem Besuch beim Psychiater zusammengetragen. Es kommt eine Vielzahl unterschiedlicher Aspekte zusammen. Die Ärzte sind über ihre eigenen Aussagen überrascht.

(90 Minuten)

Die Zuordnung der Karten ergibt 12 Themenbereiche, auf die sich die Aussagen konzentrieren. Gemeinsam werden Überschriften für die Cluster gefunden, und die 12 Themen werden in einen Themenspeicher eingetragen. (30 Minuten)

Die Reihenfolge der Bearbeitung der einzelnen Themen wird durch
die Bewertungsfrage ermittelt: „Welches Thema ist für Sie am wichtigsten?" Die Transparenz darüber wird durch eine Mehr-Punkt-Frage hergestellt. Die Teilnehmer bekommen 5 Punkte für die Bewertung.

Bearbeiten

Die drei am wichtigsten bewerteten Themen werden nun in Kleingruppen bearbeitet. Die Zuordnung zu den 3 Kleingruppen erfolgte nach Interesse der Teilnehmer am Thema.

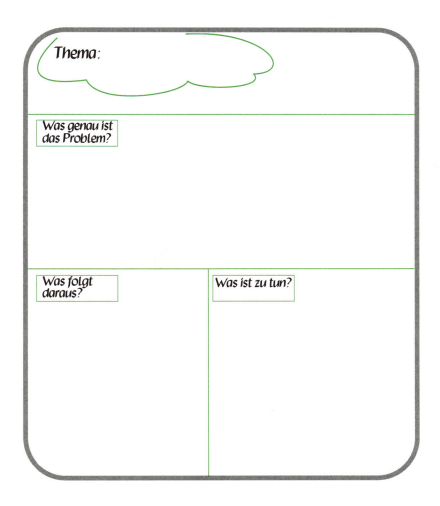

Die Ergebnisse der Kleingruppen werden im Plenum präsentiert und abzuleitende Maßnahmen jeweils direkt in einen Maßnahmenkatalog (hier Patientenkonzept genannt) übertragen. Nach einer Pause werden die nächsten drei Themen in Kleingruppenarbeit bearbeitet und anschließend wieder im Plenum präsentiert. (insgesamt 120 Minuten)

Zum Abschluss des Tages wird mit einem Blitzlicht die Zufriedenheit und die Stimmung transparent gemacht. Am Abend gibt es für alle eine Konzertveranstaltung und ein gemütliches Essen.

Am nächsten Morgen wird eine letzte Runde Kleingruppenarbeit gemacht. Die übrigen 2 Themen werden im Plenum bearbeitet.

Es werden nur wenige weitere Aspekte gefunden und in das Patientenkonzept übertragen.

Nun wird der Maßnahmenkatalog (das Patientenkonzept) gemeinsam weiter ausgearbeitet. (90 Minuten)

Patientenkonzept

was ist zu tun?	wer ist dafür zuständig?	Bemerkungen

Abschließen

Zum Schluss wird die Zufriedenheit der Ärzte mit der Veranstaltung mit Hilfe einer Ein-Punkt-Frage erhoben. Sie freuen sich, nun über ihre eigene Einschätzung ein Urteil abgeben zu können, nachdem am Anfang die Zufriedenheit der Patienten erhoben wurde.

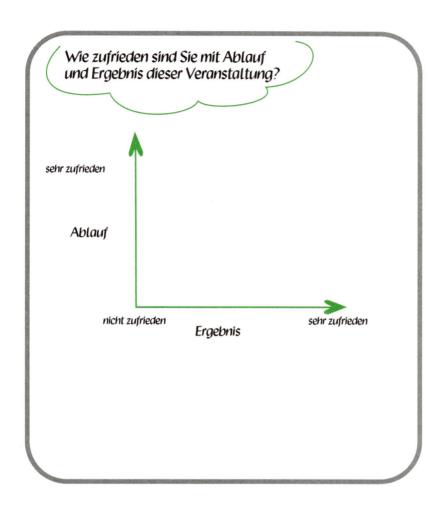

Kapitel 7
Setting und Dokumentation

7 Setting und Dokumentation

In diesem Kapitel beschreiben wir, welche Settings (Gruppengrößen, Räume, Arbeitsmaterial) beim Managen von Gruppenprozessen hilfreich sind und wie die Ergebnisse dokumentiert werden können.

7.1 Plenum und Kleingruppen

Für das Arbeiten in und mit Gruppen können ganz unterschiedliche Gruppengrößen sinnvoll sein. Die in diesem Buch vorgestellten Methoden und Instrumente können in Gruppen von 8 bis 16 (mit einiger Erfahrung auch mit 20) Teilnehmern sinnvoll und gut eingesetzt werden. Für kleinere Gruppen von 3 bis 7 Teilnehmern können Sie die genannten Methoden ebenso nutzen. Es ist dann zu überlegen was in welcher Form wie angewendet wird, bzw. abgewandelt wird, um die gewünschten Funktionen zu erfüllen. Von größeren Gruppen mit über 20 Teilnehmern soll hier nicht die Rede sein.

Kleingruppen

Um möglichst viele Personen am Diskussions- und Arbeitsprozess zu beteiligen, ist es in vielen Situationen angebracht, ein Plenum von mehr als 6-8 Personen in Kleingruppen aufzuteilen. Die Plenumsphasen werden eher kurz gehalten. Letztendlich können hierbei immer nur 1 bis 2 Personen miteinander agieren, die anderen müssen schweigen und warten.

Kleinere Gruppen ermöglichen, mehr Menschen beim Sammeln und Bearbeiten der Themen aktiv zu beteiligen, zudem äußern sich zurückhaltende und unerfahrene Mitglieder eher und leichter in Kleingruppen.

Die Kleingruppen können von unterschiedlicher Größe sein. Die kleinste Einheit sind Einzelne, die Arbeitsaufträge bekommen können. Genau so kann es Sinn machen Paare oder Dreiergruppen, sogenannten Triaden, bilden zu lassen. Kleingruppen können aus maximal 5 Personen bestehen. Größere Kleingruppen neigen dazu, in Untergruppen zu zerfallen, und es stellen sich sehr schnell bekannte Führungsstrukturen her.

Der Kommunikationsprozess untereinander wird intensiviert, indem Argumente und Meinungen gehört und ausgetauscht, Widersprüche aufgedeckt, Kontroversen ausgetragen und Lösungen gemeinsam gefunden werden. Ergebnisse von Kleingruppen haben die Qualität von Diskussionsgrundlagen, Vorschlägen und Empfehlungen für das Plenum.

Alle Kleingruppen sollen nach Möglichkeit in demselben Raum arbeiten. Sie erleben so auch die gemeinsame Arbeitsatmosphäre, wenn es darum geht, Themen zu sammeln oder in die Bearbeitung von Themen zu gehen. Jeder Kleingruppe sollten möglichst ein bis zwei Stellwände zum Arbeiten und weitere Stellwände als akustische Abtrennung zur Verfügung stehen. Die Kleingruppen arbeiten in der Regel selbstständig. Die Prozessmanager stehen für Rückfragen zur Verfügung oder unterstützen die Gruppen wenn nötig.

Die Kleingruppen sollten nicht länger als 60 Minuten am Stück arbeiten, damit die Ergebnisse noch offen genug sind, um auch in der anschließenden Plenumdiskussion noch verändert werden zu können. Wenn eine Bearbeitungsrunde länger dauern sollte, präsentieren die Kleingruppen einen Zwischenbericht. Dabei kann durch eine erste Reaktion aus dem Plenum eingefangen werden, ob die Zusammensetzung der Kleingruppe stimmt und ob sie inhaltlich auf dem richtigen Weg ist.

Die wichtigsten Gesichtspunkte im Diskussionsprozess der Kleingruppe sollen direkt auf Tafeln oder auf Karten mitgeschrieben werden. Dadurch wird der Diskussionsverlauf für die Teilnehmer transparenter und leichter steuerbar, es entsteht ein für die ganze Gruppe sichtbares Diskussionsprotokoll, das Grundlage der späteren Präsentation im Plenum ist.

Kleingruppenbildung

Die Kleingruppen können nach unterschiedlichen Gesichtspunkten gebildet werden:
- Nach Interesse
- Nach Funktionen
- Nach Sympathie
- Durch Zufall

Nach Interesse:
Die Teilnehmer wählen sich dem Thema zu, an dem sie das stärkste Interesse haben. Dazu schreiben die Teilnehmer ihren Namen auf einen kleinen Kuller und hängen ihn an die Pinnwand zu dem gewählten Thema. Wenn alle Teilnehmer sich zugeordnet haben, ist die Gruppenaufteilung sichtbar. Interessieren sich mehr als fünf Personen für dasselbe Thema, wird die Gruppe entweder geteilt (dann wird das Thema parallel in zwei Gruppen bearbeitet) oder einzelne Teilnehmer orientieren sich um (freiwillig!), bis Gruppengrößen zwischen zwei und fünf Personen entstanden sind.

Frage zu diesem Prozessschritt:
- Bei welchem Thema möchten Sie mitarbeiten?

Nach Funktionen:
Kriterium der Gruppenbildung ist die Funktion oder die hierarchische Position, die jeder einnimmt. Bei der Gruppenbildung kann es darum gehen, die Gruppen gemischt oder aber homogen zusammenzusetzen, je nachdem ob gegenseitige Anregung und Auseinandersetzung erfolgen soll (spricht für heterogene Gruppen) oder eine gemeinsame Position erarbeitet werden soll (spricht für homogene Gruppen).

Fragen zu diesem Prozessschritt:
- Wer muss auf Grund seiner Funktion (oder seines Expertenwissens) zu welchem Thema?
- Kann das Thema in dieser Besetzung sinnvoll bearbeitet werden? Sind alle Funktionen für eine sinnvolle Bearbeitung bei diesem Thema vertreten?

Nach Sympathie
Gruppenbildung durch Blickkontakt

Frage zu diesem Prozessschritt:
- Wer möchte mit wem das Thema bearbeiten?

Durch Zufall:
Es werden farbige Papierstücke oder Puzzlestücke gezogen.
Der Prozessmanager nimmt so viele Karten wie Kleingruppen entstehen sollen. Er schneidet die Karten in ungleichmäßige Stücke. Jede Karte hat so viele Teile wie die Gruppe Teilnehmer haben soll. Die Teile werden gemischt, jeder zieht sich ein Stück und sucht die zusammenhängenden Teile, deren Besitzer gemeinsam eine Kleingruppe bilden. Zur Gruppenbildung nach Zufall können auch Spielkarten oder verschieden farbige Süßigkeiten genutzt werden. Der Phantasie sind da keine Grenzen gesetzt.

7.2 Welcher Arbeitsraum ist notwendig?

Beim Arbeiten mit Gruppen ist der Arbeitsraum ein wesentlicher Arbeits- und Erfolgsfaktor. Die Menschen brauchen einen Raum in dem genug Bewegungsspielraum ist. Die Lichtverhältnisse sollten so sein, dass keine Lichtquelle blendet oder zum angestrengten Hinsehen zwingt.

Wir stellen immer wieder fest, dass für moderierte Veranstaltungen die Räume in der Regel zu klein kalkuliert werden. Aus diesem Grund geben wir statt der Gruppengröße immer die benötigten Quadratmeter an. Wir rechnen für eine Gruppengröße von 12 Teilnehmern 80 – 100 qm Raumgröße. Diese Größe ermöglicht sowohl im Plenum wie auch in Kleingruppen im selben Raum zu arbeiten. Befinden sich direkt nebenan Arbeitsräume für Kleingruppen, kann das Plenum in einem Raum mit 60 – 80 qm tagen.

Im Raum selbst werden soviele Stühle wie Teilnehmer plus Prozessmanager und einige Tische gebraucht. Je ein Tisch wird für die Materialien oder den Moderationskoffer und zum Ablegen der entstandenen Plakate benötigt. Sind die übrigen Tische nicht aus dem Raum zu bringen, können sie hinter den Stühlen an der Wand entlang aufgestellt werden. Vielleicht auch ein Kompromiss für Gruppen, die diese Art zu arbeiten noch nicht kennen und auf die Tische noch nicht (ganz) verzichten können oder wollen.

Die Stühle stehen im Halbkreis. Zur Ablage von Unterlagen können vor die Stühle kleine halb hohe bewegliche Tische gestellt werden. Diese Art Gestaltung von Moderations-Arbeitsräumen hat eine psychologische Wirkung auf die Menschen. Das freie Zuwenden ist dann möglich. Das Aufstehen und zur Stellwand gehen wird erleichtert, ein Wechsel von der Kleingruppe ins Plenum und umgekehrt ist möglich. Wenn Menschen sich bewegen können, kommt meistens auch Bewegung in die Sache. Zudem erleichtert ein Wechsel des Sitzplatzes, die Dinge aus einem anderem Blickwinkel zu sehen und mit verschiedenen Menschen in Kontakt zu kommen.

Beim Prozesse managen ist ein organischer Wechsel von Arbeit und Pausen wichtig, wie das im Arbeitsalltag auch von Bedeutung ist. Der Prozessmanager ist dafür verantwortlich, dass die Gruppe den Spannungsbogen bis zum Schluss halten kann. Die Pausen richten sich nach dem Stimmungs- und Energielevel der Menschen. Längere Pausen lassen sich zum Beispiel gut vor langen Präsentationsphasen oder nach Erstellung des Themenspeichers machen, dazwischen werden kleinere Unterbrechungen gemacht. Pausen lassen sich auch gut mit der Kleingruppenarbeit verbinden. Dann bekommen die Kleingruppen eine Zeit genannt, die aus der Arbeitszeit und der Pausenzeit besteht.
Die Kleingruppen bestimmen selbst, wann sie eine Pause machen.

7.3 Welches Material wird benötigt?

Um das Spektrum der vorgestellten Methoden abdecken zu können, benötigen Sie eine vollständige Moderationsausrüstung. Hier finden Sie eine Übersicht für die erforderlichen Materialien. Damit können Sie auch den Moderatorenkoffer überprüfen und/oder ergänzen. Die angegebenen Mengen beziehen sich auf eine Gruppengröße von 10 bis 14 Personen bei einer Veranstaltungsdauer von 1 – 3 Tagen.

Stellwände (leicht beweglich, freistehend, Höhe ca. 200 cm, Plattenmaß 125 x 150 cm)	10 -12 Stück
Flipchart-Ständer	1 Stück
Papierscheren	4 Stück
Tesakrepp, Breite 30 mm, Länge ca. 30 m	1 Rolle
Markierungsnadeln, 6/15 = Kopfgröße /Nadellänge	200 Stück
Packpapier (weiß ist besser als braun) (125 x 150 cm)	60 Bogen
Flipchart-Papier	20 Bogen
Karten in 4 Farben sortiert (10 x 21 cm) (weiß, grün, gelb, orange)	250 pro Farbe
Scheiben 4 Farben pro Farbe (D = 20 cm)	12 Stück
Scheiben in 4 Farben pro Farbe (D = 10 cm)	25 Stück
Überschriftstreifen in 4 Farben pro Farbe (45 x 65 cm)	10 Stück
Filzschreiber (z.B. Faber-Castell, uni PROCKEY) schwarz und/oder blau	insgesamt 40 Stück
Filzschreiber (z.B. Faber-Castell uniPROCKEY) grün, rot	10 Stück pro Farbe
dicke Filzschreiber (z.B. Edding Nr. 800) grün, rot, blau, schwarz pro Farbe	10 Stück
Klebestifte (Pritt - Bürogröße)	10 Stück

Klebepunkte
(z.B. Herma) gelb, rot, grün, blau pro Farbe   100 Stück

Stereo-Anlage, Kassetten- und/oder CD-Deck   1 Stück
CDs und Kassetten nach Wahl

Die Erfahrung zeigt, dass man trotz bester Vorbereitung für den Einsatz der Moderationsmethoden nicht immer ideale Arbeitsbedingungen findet. Manchmal ist es so, dass das Material knapp ist oder teilweise fehlt. Im folgenden geben wir Ihnen einige Tipps, wie Sie improvisieren können:

Gar keine oder zu wenige Stellwände:
Plakate mit Klebestreifen an den Wänden befestigen. Flipchart benutzen.

Packpapier ist zu wenig oder fehlt:
Flipchartpapier benutzen, Flipchartpapier aneinander kleben.

Markierungsnadeln fehlen:
Mit Klebeband die Plakate an den Stellwänden oder Wänden befestigen. Karten, Scheiben mit dem Klebestift antupfen, dann kann man die Karten, Scheiben auch wieder wegnehmen oder umhängen.

Keine und/oder zu wenige Karten:
Direkt auf die Plakate schreiben, sowohl im Plenum als auch in Kleingruppen. Alternativ Karteikarten benutzen.

Scheiben oder Kuller fehlen:
Sind nicht unbedingt erforderlich. Können durch übliche Moderationskarten ersetzt werden.

Überschriftstreifen fehlen:
Können weggelassen werden. Die Überschriften direkt auf das Plakat schreiben.

Große und kleine Filzschreiber fehlen:
Ohne sie geht es nicht!!!

Klebestifte fehlen:
Wenn man nicht mit Karten, Kullern und Überschriftstreifen arbeitet, kann man sie weglassen.

Selbstklebepunkte fehlen:
Mit Filzschreiber die Punkte setzen lassen.

Klebeband fehlt:
Eine Rolle Klebeband ist gerade zum Improvisieren unabdingbar.
Ansonsten kann man gut darauf verzichten.

Papierschere:
Ist nicht unbedingt erforderlich.

7.4 Wie werden Ergebnisse dokumentiert?

Gute Protokolle sind ein Kapitel für sich. Die einfachste aber aufwendige Methode ist: abschreiben lassen. Doch dies hat den gravierenden Nachteil, dass der Erinnerungswert, den eine Faksimile-Abbildung hat, verloren geht. Wenn die Qualität der Protokolle eine Rolle spielt, kommt man am Fotografieren kaum vorbei.

Die beste Qualität erzielte man bislang, wenn man die Plakate mit einer guten Spiegelreflex-Kamera auf Kleinbildfilm abfotografierte, dann den Film in einem Labor entwickeln und auf Postkartenformat (10 x 15 cm) vergrößern ließ. Wenn man dann die Ränder sorgfältig beschnitt und eventuell retuschierte, hatte man eine gute Vorlage, um auf einem modernen Fotokopierer A4-Seiten zu bekommen. Das führte zu einer sehr guten Protokollqualität. Der Preis für gute Protokolle war aber leider recht hoch: es brauchte Zeit und Sorgfalt, und Farbkopien sind immer noch etwa zehnmal teurer als schwarz-weiße.

Nun gibt es Digitalkameras, deren Auflösung von über 3 Mio. Bildpunkten eine Qualität ermöglicht, die sich hinter konventionell fotografierten Protokollen nicht mehr zu verstecken braucht. So können nun die meisten Schritte im Protokoll-Erstellungsprozess digital und auf dem PC erfolgen, bis hin zum E-Mail-Versand der Bilddaten mit vernünftigen Dateigrößen.

Digitale Kameras

- **Auflösung:** am besten 3,3 Mio Bildpunkte. Gibt es seit der Cebit 99.
- **Akku:** am längsten halten Lithium-Ionen-Akkus
- **Speichermedien:** gibt es verschiedene. Sollten mindestens 32 MB groß sein, es gibt aber auch schon Smartcards mit 64 MB oder eine Mikrofestplatte mit 340 MB
- **Übertragung in den PC:** USB ist schnell und einfach, es gibt auch Diskettenadapter für Smartcards und Infrarot-Übertragung (gut für Notebooks)
- **Und sonst?** Wer viel mit der Kamera unterwegs sein will, fährt besser mit einem extra Blitzgerät (Blitzschuh!) als mit der Profiblitz-Lösung.

Am schnellsten geht die Protokollerstellung in einem reinen digitalen Prozess. Der beginnt damit, die Plakate und Flipcharts mit der Digitalkamera zu fotografieren.

Wichtig für die Qualität ist dabei eine gute und gleichmäßige Ausleuchtung. Dies geht auf zwei Wegen. Es gibt Kameras, die einen Blitzschuh oder Blitzanschluss haben und die Verwendung von stärkeren Blitzgeräten erlauben. Solche Blitzgeräte, wie sie auch mit Spiegelreflexkameras verwendet werden, haben auch Streuscheiben, die das Licht gut und gleichmäßig verteilen.

Die beste und leider auch teuerste Lösung ist die Verwendung von kleinen Profiblitzgeräten (ab ca. DM 1.000,-), wie sie beim Fotografen stehen. Die kann man mit jeder Kamera verwenden, weil sie oft Lichtauslöser haben: sie reagieren auf den Miniblitz der Kamera. Wenn man nur mit den eingebauten Miniblitzern fotografiert, entstehen Bilder, die in der Mitte heller und außen dunkler sind. Ein Tipp: Plakate und Flipcharts werden meist zu dunkel, wenn man der Belichtungsautomatik die Wahl der Blitzstärke überlässt, weil sie einen hohen Anteil an hellen Flächen haben. Deshalb muss man überbelichten; wie viel genau, das müssen Sie mit Ihrer Kamera ausprobieren.

Der zweite Schritt im digitalen Prozess besteht darin, die Bilddaten aus der Kamera in den PC zu übertragen. Die meisten aktuellen Kameras machen das über die USB-Schnittstelle des Rechners, per Infrarot-Übertragung oder mit Hilfe eines Diskettenadapters für die Smartcard, einem briefmarkengroßen Speichermedium, das die Daten auf einem Chip speichert. USB ist die schnellste Lösung für die Übertragung und Infrarot ist komfortabel, wenn man ein Notebook benutzt. Alle anderen Wege sind langsamer oder umständlicher.

Der dritte Schritt findet dann auf dem PC statt: die Nachbearbeitung der Fotos. Dabei gilt, je besser die Bilder in die Kamera kamen (Schärfe, Ausleuchtung etc.), desto weniger Arbeit haben Sie mit diesem Schritt. Zum Nachbearbeiten brauchen Sie eine Fotosoftware, die es in vielen Varianten gibt. Eigentlich allen Kameras liegt auch irgendeine Software zur Nachbearbeitung bei. Eine Profi-Bildbearbeitungs-Software brauchen Sie für Protokolle nicht, aber oft sind gute Programme auch Bestandteil von Office-Paketen. Also hören Sie sich ruhig erst mal in Ihrem Unternehmen um, was es schon gibt, bevor Sie an dieser Stelle Geld ausgeben.

Nachbearbeitung von Bildern für Protokolle heißt dreierlei: zunächst wird die Bildqualität optimiert, indem man Schärfe, Helligkeit und Kontrast nachregelt. Zweitens legen Sie den optimalen Bildausschnitt fest. Das ist immer dann nötig, wenn Sie ‚sicherheitshalber' die Ränder der Plakate großzügig mitfotografiert haben. Und dieses beschnittene Bild bringen Sie dann wieder auf eine einheitliche Größe. Drittens speichern Sie das fertige Foto auf dem Rechner wieder ab. Und je nachdem, ob sie es dann gleich ausdrucken und auf dem Kopierer verarbeiten oder ob Sie digital weitermachen, müssen Sie weniger oder mehr Aufwand ins Abspeicher-Verfahren investieren.

Alle bekannten Bildbearbeitungsprogramme verfügen über die notwendigen Routinen zum Nachbearbeiten, Komprimieren und Abspeichern der Bilder. Die digitalen Kameras liefern Ihnen die Bilder in einem Format in den Rechner, das die Bilddaten bereits komprimiert hat. Die gebräuchlichen beiden Formaten heißen zur Zeit JPG und TIF, wobei JPG deutlich die Nase vorne hat. Bilder in der besten Auflösung haben bei den neuen Kameras so nicht selten 10 MB, wenn sie unkomprimiert sind und kommen als JPG-Dateien mit etwa 1 MB in den Rechner. Wenn Sie daraus nun Ausdrucke machen und die Bilddaten danach wieder löschen oder zum Archivieren auf CD brennen, ist diese Datenmenge kein Problem. Wenn Sie das Protokoll aber per E-Mail versenden möchten, benötigen Sie noch einen weiteren Kompressions-Schritt.

Wir können heute davon ausgehen, dass der E-Mail-Versand bis zu einer Dateien-Größe von 1,5 MB gut funktioniert und die Übertragungszeiten im vernünftigen Rahmen bleiben. Wenn Sie etwa 10 Plakatseiten protokollieren möchten, kommen Sie auf 10 MB Übertragungsvolumen und das ist alles andere als komfortabel. Mit guten Kompressionsprogrammen kommen Sie aber auf etwa 100KB pro Seite. Wenn Sie im Internet unter dem Stichwort ‚Bildkompression' suchen, finden Sie viel Shareware, die gute Dienste leistet. Den Satz der fertigen Protokollbilder können Sie jetzt natürlich einfach als Dateianhang (seite1.jpg; seite2.jpg; usw.) versenden.

Dafür gibt es im Prinzip zwei Möglichkeiten: entweder bauen Sie ein Office-Dokument auf, in das Sie die Bilder mit EINFÜGEN-GRAFIK importieren, oder Sie nutzen ein sogenanntes Thumbnail-Programm. Damit können Sie weitgehend automatisiert Seiten herstellen, die mit jedem Browser (den Sie auch fürs Internet nutzen) betrachtet werden können. Darauf sind Miniaturen (Thumbnails = Daumennägel) der Fotos wie auf einem fotografischen Kontaktbogen zusammengestellt, und ein Klick auf das gewünschte Bild bringt es dann großformatig zur Ansicht. Wenn Sie's raushaben, wie es geht, dauert das Erstellen so eines Kataloges 10 Sekunden. Solche Catalog-Wizards oder Thumbnail-Programme finden Sie auch im Internet als Shareware oder Freeware.

Aus diesen Bildkatalogen können Sie dann noch mit einem Packer wie WinZip eine Archiv-Datei herstellen, die Sie bequem als einzelne Anhang-Datei per E-Mail versenden.

Einen Überblick zu den „konservativen" und digitalen Bearbeitungsschritten gibt Ihnen die folgende Abbildung:

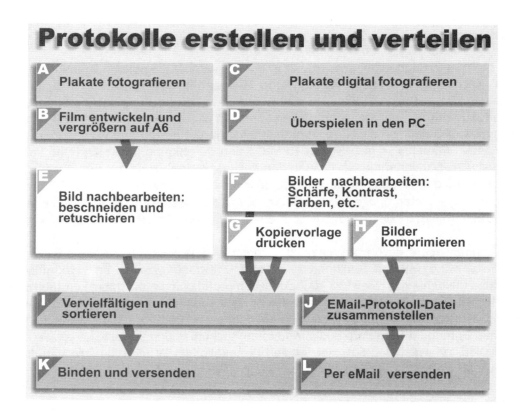

8 Ausblick

Rund 30 Jahre ist es her, dass die ModerationsMethode entwickelt wurde, um mehr Menschen an betrieblichen Entscheidungsprozessen zu beteiligen.

Seitdem wurden die eingesetzten Methoden und Instrumente mehr und mehr verfeinert und anhand der gemachten Erfahrungen verbessert. Der Blickwinkel hat sich geweitet vom Moderator zum Prozessmanager, der neben den Themen und den Menschen auch die Wechselwirkungen im System berücksichtigt.

Neue Methoden sind im Lauf der Jahre ausprobiert und verwendet worden. Nun, zu Beginn des 21. Jahrhunderts, spielt die Technologie eine zunehmende Rolle.

Zum einen gibt es Electronic Meeting Systems, die gerade in größeren Präsenzgruppen hilfreich sein können. Für jede Funktion im Prozess gibt es dabei Software-gestützte Methoden wie z.B. idea-organizer tools, electronic voting tools oder shared whiteboards. Für den Prozessmanager kommt die technische Unterstützung der Teilnehmer als zusätzliche Aufgabe hinzu, sofern dafür kein Spezialist anwesend ist.

Ein anderer Bereich, in dem die Vorteile der Technologie zum Einsatz kommen, ist Teamware. Hier geht es darum, Projektteams und Arbeitsgruppen, deren Mitglieder in unterschiedlichen Standorten oder Ländern arbeiten, einen virtuellen Begegnungsplatz zur Verfügung zu stellen. Meist handelt es sich dabei um einen gemeinsamen Arbeitsraum im Internet oder Intranet in Form einer eigenen Teamwebsite. Von dort aus können die Teammitglieder z.B. Teamkalender nutzen, gemeinsam auf Dokumente zugreifen, Emails versenden, online-Diskussionen führen oder video-unterstützte Besprechungen abhalten.

Die immer häufiger auftretenden Ad-hoc Teams, die für jedes Projekt neu gebildet werden und unternehmensübergreifend zusammenarbeiten, sind geradezu auf solche virtuellen Kooperationsmöglichkeiten angewiesen, um gemeinsam zu Ergebnissen zu kommen.

Die zunehmende Integration der heute noch vielfach punktuell genutzten Software-Lösungen wird das Arbeitsfeld des Prozessmanagers verändern. Neue Methoden bzw. Variationen vorhandener Methoden in Verbindung mit Technologie entstehen.

Die bisherigen Erfahrungen zeigen, dass der Einsatz von Teamware effektiv ist, wenn die Teammitglieder bereits miteinander vertraut sind und die Aufgaben und

Arbeitsprozesse für alle transparent sind. Auf virtuellem Wege können gut Fakten zusammengetragen, fortlaufende Informationen ausgetauscht und Meinungen eingeholt werden.

Doch auch virtuelle Teams brauchen den persönlichen Kontakt. Ein gemeinsames Selbstverständnis oder eine von allen getragene Vision kann nur gemeinsam erarbeitet werden. Frust und Freude bei der Bearbeitung der gemeinsamen Themen miteinander zu erleben, das lässt sich mit keiner Technologie ersetzen. Persönlicher Kontakt ist notwendig, um Vertrauen aufzubauen. Vertrauen, welches in virtuellen Teams hierarchische und bürokratische Kontrolle ersetzen kann (und muss).

Länderübergreifende Teams bringen für den Prozessmanager freilich weitere neue Anforderungen mit sich, insbesondere im Umgang mit Sprach- und Kulturunterschieden.

Ob nun virtuell oder persönlich – erfolgreiche Gruppenprozesse sind ein wesentlicher Erfolgsfaktor in Unternehmen und Organisationen.
Für Prozessmanager, die es verstehen, in diesem Rahmen produktive Gruppenprozesse zu managen, sehen wir eine erfolgreiche Zukunft voraus.

Glossar

Ablauf	Der Ablauf einer Veranstaltung wird vom Prozessmanager vorgedacht und geplant. Er erstellt einen → Regieplan mit den einzelnen Arbeitsschritten.
Abschlussfrage	Frage, die zum Abschluss an die Gruppe gerichtet wird, um in einem letzten methodischen Schritt eine Bewertung der Veranstaltung zu erheben. Die Abschlussfrage bezieht sich auf Atmosphäre und/oder Ergebnis der Arbeit.
Allparteilichkeit	ist die Einstellung und → Haltung des Prozessmanagers. Das bedeutet, die Meinungen, Bedürfnisse, Einstellungen aller Teilnehmer wertzuschätzen und im Verlauf gleichermaßen zu berücksichtigen und einzubeziehen.
Anwärmfrage	wird zu Beginn gestellt, um mit den Teilnehmern und dem Thema in Kontakt zu kommen. Die Frage wird gestellt und in einem methodischen Schritt beantwortet. Erste Aussagen werden gemacht. Das „Eis wird gebrochen".
Anzahl der Teilnehmer	Die Zahl der Teilnehmer ist wesentlich für die Strukturierung und die Wahl der Methoden. Eine normale Größe für eine Veranstaltung liegt bei 8 – 12 Teilnehmern. Aber es können auch größere Gruppen geleitet werden, mit ca. 30 Personen oder Großgruppen mit mehreren hundert Personen.
Arbeitsfähigkeit	Gute Ergebnisse können nur dann erreicht werden, wenn keine störenden Einflüsse auf die Menschen wirksam werden. Der Prozessmanager ist für die Arbeitsfähigkeit der Gruppe verantwortlich. Wenn sie gestört ist, muss er für die Wiederherstellung sorgen. Im Prozess achtet er darauf, dass die Arbeitsfähigkeit hergestellt und erhalten bleibt.
Auftragsklärung	ist eine wesentliche Bedingung für den Erfolg einer Veranstaltung. Im Vorgespräch wird besprochen und geklärt, worin der Auftrag besteht, was genau den Bedürfnissen des Auftraggebers bzw. der Teilnehmer entspricht.

Beteiligung	ist in Veränderungsprozessen eine der wesentlichsten Bedingungen für deren Erfolg. Beteiligung meint Einbeziehen der Mitarbeiter, aber auch der Führungskräfte aller Ebenen. Wird keine Beteiligung erreicht, scheitert der Prozess mit großer Wahrscheinlichkeit an den Widerständen von Mitarbeitern oder der fehlenden Verantwortung der Führungskräfte.
Bild malen	Bilder malen ist eine andere Art der Auseinandersetzung mit einem Thema. Durch diese analoge Beschäftigung ist ein anderer Zugang als sonst möglich. Die Teilnehmer erhalten einen Arbeitsauftrag und malen dazu allein oder in Kleingruppen.
Blitzlicht	ist eine Methode, die Transparenz in einer Situation schafft. Es werden ein bis drei Fragen gestellt und dann von den Teilnehmern beantwortet. (Regeln für das Blitzlicht → Funktionen und Methoden)
Brainstorming	→ Zuruffrage Auf eine Frage rufen die Teilnehmer alles, was ihnen dazu einfällt, aus. Der Prozessmanager schreibt alle Antworten auf ein Plakat. Die Beiträge werden nicht bewertet oder sortiert. Dies ist eine Methode zum Sammeln von Themen, Aspekten, Fragestellungen im Prozess.
Ein-Punkt-Frage	macht Einschätzungen transparent im Prozess. Eine Frage wird dadurch beantwortet, dass die Teilnehmer mit einem Klebepunkt auf dem Plakat die Antwort geben. Anschließend lässt man „die Punkte sprechen".
Fotoprotokoll	Protokoll, welches durch Fotographieren der → Plakate entsteht (in Papier- oder digitaler Form).
Gruppenspiegel	ist ein vorbereitetes Plakat zu Beginn einer Veranstaltung. Der Gruppenspiegel beinhaltet verschiedene Fragen zur Person, die von den Teilnehmern auf dem Plakat beantwortet und dann im Plenum präsentiert werden. Es dient der gegenseitigen Vorstellung der Teilnehmer.
Haltung	Die Haltung des Prozessmanagers ist geprägt von Wertschätzung gegenüber den Teilnehmern und ihrem

	Anliegen. Er ist → allparteilich und stellt Fragen, statt zu behaupten.
Info-Markt	ist eine Veranstaltung für viele Teilnehmer (30 – 1000). Zur Beteiligung oder Information von ganzen Abteilungen, Bereichen, Gesellschaften eines Unternehmens werden Großveranstaltungen, die zeitweise in kleinere Gruppen unterteilt werden, organisiert. Ziel ist es, viele Menschen gleichzeitig zu erreichen.
Info-Stand	Kleingruppenveranstaltung im Rahmen eines → Info-Marktes.
Kartenfrage	Antworten auf eine Frage werden auf Karten geschrieben, sortiert und auf Wände gehängt.
Kleingruppen	Das Plenum einer Veranstaltung wird zu einzelnen Arbeitsschritten in Kleingruppen aufgeteilt. Sie bestehen aus 3 – 5 Teilnehmern und arbeiten bis zu 60 Minuten in der Gruppe. Anschließend werden dann die Ergebnisse von Teilnehmern der Kleingruppe im Plenum vorgestellt.
Kleingruppenbildung	nach Interesse, nach Themen, nach Sympathie, nach Zufall
Klumpen	Die Karten werden nach einer → Kartenfrage vom Prozessmanager mit den Teilnehmern gemeinsam zu Klumpen zusammengehängt. Die Klumpen werden in Spalten untereinander gehängt und mit Nummern bezeichnet.
Kreisgespräch	Die Teilnehmer kommen miteinander zu einem Thema ins Gespräch und tauschen sich aus. Es gibt keinen Diskussionsleiter.
Kuller	sind runde Karten in verschiedenen Farben mit 10 bis 20 cm Durchmesser. Die kleinen Kuller werden zum Nummerieren der Klumpen bei einer Kartenfrage verwendet, die großen zum Hervorheben oder zusätzlichen Anmerkungen bei Visualisierungen verwendet.

Lösungsorientierte Fragen	sind Fragen, die implizieren, dass Handlungsmöglichkeiten in und für die befragte Situation bestehen. Es wird nicht auf das Problem oder dessen Ursache geschaut, sondern auf die mögliche Lösung.
Maßnahmenkatalog	= Tätigkeitskatalog Die erarbeiteten Aktivitäten werden eingetragen und mit Verantwortlichen und Zeitrahmen versehen. Der Maßnahmenkatalog ist ein wichtiges Instrument für die Ergebnisorientierung.
Mehr-Punkt-Frage	Durch die Bewertung eines Themenspeichers nach einem formulierten Kriterium werden Prioritäten oder Wünsche, Befürchtungen, etc. deutlich gemacht.
Mitvisualisieren	die Diskussion einer Gruppe wird im Plenum mitgeschrieben. Dadurch werden Argumente sichtbar. Redundanzen werden vermieden.
Namensschild	Für die Zusammenarbeit von Gruppen, in denen sich die Teilnehmer nicht kennen, sind Namensschilder hilfreich. Eine sehr einfache und wirksame Methode ist es Tesakreppstreifen (3cm breit) mit Filzstift zu beschriften. Diese Namen sind auch noch aus 5 m Entfernung zu lesen.
PAKKO-Regel	Regel für das Formulieren von Fragen **P**ersönlich, **A**ktivierend, **K**urz, **K**onkret, **O**ffen
Phasen im Prozess	Anwärmen, Orientieren, Bearbeiten, Abschließen
Pinnwand	freistehende beschichtete Tafel, Größe ca. 150 x 125 cm
Plakat	Packpapier in der Größe der → Pinnwand zum Beschriften und Bekleben mit Karten
Prozess	ist der Weg, der zurückgelegt wird, von der Ist-Situation zu einer neuen Wirklichkeit.

Prozessmanagement	Planung, Strukturierung und Begleitung eines Prozesses
Prozessmanager	strukturiert den Prozess. Der Prozessmanager ist verantwortlich für den Prozess. Er sorgt für Wissen, Beteiligung und Implementierung.
Punktfrage	→ Ein-Punkt-Frage
Puzzle	Methode der → Kleingruppenbildung nach dem Zufallsprinzip. Karten werden zerschnitten und die Einzelteile von den Teilnehmern gezogen. Teilnehmer suchen die zusammengehörenden Teile und finden sich so in Kleingruppen zusammen.
Regieplan	beinhaltet die Vorüberlegungen des Prozessmanagers zum geplanten Ablauf zur Funktion, zu den methodischen Schritten, zum Materialbedarf sowie eine Zeitschätzung.
Schriftlich diskutieren	Die Teilnehmer schreiben ihre Kommentare, Anmerkungen, etc. auf Karten. Sie werden an die Pinnwand gehängt, damit auch später der Diskussionsprozess noch nachvollzogen werden kann. → Zuruffrage
Standpunkt beziehen	Die Teilnehmer beziehen körperlich Standpunkt zur gestellten Frage. Die Meinung wird - anders als sonst üblich - zunächst ohne Worte, nur durch den Standpunkt, den sie einnehmen, ausgedrückt.
Steckbrief	für die gegenseitige Vorstellung erstellt jeder Teilnehmer und die Prozessmanager einen Steckbrief nach vorgegebenen Kriterien auf einem Plakat. Im Plenum spricht jeder zu seiner Person an Hand des Plakates.
Systemisch	Ein System betreffend oder auf es wirkend: Menschen, Organisationen oder Einheiten werden in ihrem Zusammenwirken betrachtet. Systemisches Prozessmanagement bedeutet, dass alle am Prozess beteiligten Einflüsse, Menschen, Abteilungen, Faktoren mitbedacht werden.

Systemisch Denken	Eine Art des Denkens, die sich auf die Beziehung zwischen Einzelteilen bezieht, die für einen bestimmten Zweck ein Ganzes bilden.
Szenario	ist eine Struktur für das Sammeln/ Bearbeiten einer Frage
Themenspeicher	ist eine Auflistung von Themen, Problemen, Fragestellungen, die im Prozess weiter bearbeitet werden. Sie werden z.B. bewertet oder vernetzt.
Vernetzen	ist das Aufzeigen von Zusammenhängen zwischen Themen oder Fragestellungen. Wir unterscheiden unterschiedliche Grade der Vernetzung.
Visualisieren	Beiträge und Informationen werden für alle sichtbar und lesbar aufgeschrieben. Dies dient der Strukturierung der Inhalte und „diszipliniert" die Diskussion.
Vorstellungsrunde	Damit Menschen, die sich nicht kennen, gut zusammenarbeiten können, müssen sie etwas voneinander erfahren. Je nach Gruppengröße sind unterschiedliche Möglichkeiten der Vorstellungsrunde sinnvoll und hilfreich. → Gruppenspiegel → Steckbrief
Wertschätzung	→ Prozessmanager Wertschätzung ist eine grundlegende Haltung des Prozessmanagers gegenüber den Menschen, mit denen er arbeitet, deren Aussagen und Meinungen.
Ziel	für den → Prozess ist es im → Auftragsklärungsgespräch zu definieren. Ziel kann auch sein, etwas zu erkunden bzw. herauszufinden.
Zuruffrage	Antworten auf eine Frage werden von den Teilnehmern aus bzw. zugerufen (→ Brainstorming). Der Prozessmanager visualisiert mit.

Literatur

Das Literaturverzeichnis, das wir zusammengestellt haben, beinhaltet einerseits Quellen, die unsere Beratungsphilisophie beeinflusst und geprägt hat. Andererseits enthält die Liste weitere Literatur, die als Ergänzung gedacht ist.

Sich verständlich ausdrücken
Langer, Schulz von Thun, Tausch,
München 1993
Ein Übungsprogramm zum Lernen der Verständlichkeit

Die nicht-direktive Beratung
Carl Rogers
Fischer tb, München 1994
Grundlegender Text zur Philosophie und Entstehung der non-direktiven Beratung

Miteinander Reden: Störungen und Klärungen,
rororo Nr. 7489
Miteinander Reden 2: Stile, Werte und Persönlichkeitsentwicklung
rororo Nr. 8496
Hamburg 1999
F. Schulz von Thun
Erläuterungen und Hinweise zur Kommunikation

Klärungshilfe
Ch. Thomann, F. Schulz von Thun
rororo Nr. 406, Hamburg 1995
Handbuch für Moderatoren, Gesprächshelfer und Therapeuten in schwierigen Situationen

Anleitung zum sozialen Lernen
L.Schwäbisch / W.Siems
rororo Nr. 6846, Hamburg 1997
Theorie und Praxis partnerschaftlicher Kommunikation, zum Selbstlernen und / oder mit einem Partner geeignet

Wie wirklich ist die Wirklichkeit
Paul Watzlawik
München 1999
Legt den Schwerpunkt auf das gemeinsame und unterschiedliche Realitätsverständnis zwischen Kommunikationspartnern

Beraten will gelernt sein, ein Übungsbuch für Anfänger und Fortgeschrittene
Bachmair/Faber/Henning/Kolb/Willig
Weinheim 1994
Theoretisches Grundwissen und praktische Übungen

Die Lösung lauert überall, Systemisches Denken verstehen und nutzen
Joseph O'Connor, Ian McDermott
VAK Verlag Kirchzarten bei Freiburg 1998
Eine Einführung in die systemische Denk- und Arbeitsweise

Metasprache und Psychotherapie, Struktur der Magie I,
Kommunikation und Veränderung, Struktur der Magie II
Bandler, Richard / Grinder, John
Paderborn 1987
Theorie zum Nachfragen

Anleitung zum ganzheitlichen Denken und Handeln
Hans Ulrich / Gilbert J.B. Probst
Haupt Verlag Stuttgart 1991
Ausführliche Erläuterung der Bausteine des ganzheitlichen Denkens

Lösungsorientierte Kurztherapie
John L. Walter / Jane E. Peller
Verlag modernes lernen, Dortmund 1995
Beschreibung der Prinzipien und Annahmen in Fragen

Pinwand, Flipchart und Tafel
Traute Langner-Geißler, Ulrich Lipp,
Beltz Verlag Weinheim 1991
Beinhaltet praktische Tipps und Mind-Mapping

Tao der Führung
John Heider
Sphinx Verlag Basel 1995
Kurze, auf einer Seite, philosophische Abhandlungen der Führungsrolle, für alle die diesen Aspekt in ihrer Funktion haben.

Und nun eine alternative Literatur- und Movieliste:

Momo
Beppo der Straßenkehrer gibt eine Beschreibung zu der Arbeitseinstellung, die auch beim Prozesse managen hilft. Außerdem gibt es eine interessante Beschreibung zum Thema „Zeit sparen".

Das Leben des Brian
Die Art der Diskussionen und Sitzungen kommen einem doch recht bekannt vor. Und fühlen Sie sich nicht auch ab und zu wie Brian in der Schlussszene?

Das Dschungelbuch
So mancher Workshop könnte das Lied von Balu dem Bären „Probier's mal mit Gemütlichkeit" gebrauchen und kommt Ihnen Shirkan nicht auch manchmal wie eine Figur im wirklichen Leben vor?

Die Autorinnen

Heide Straub

Geboren 1949 in Freiburg, Ausbildung zur Ergotherapeutin und in Hakomi, Weiterbildung in systemischer Familientherapie und anderen Methoden der Humanistischen Psychologie. Seit Ende der 70er Jahre nutze ich die ModerationsMethode für die Arbeit mit Gruppen und Einzelnen. Dabei haben die Prinzipien der Moderation und ihre Methoden meinen Arbeitsstil im Coaching für Führungskräfte, in der Teamentwicklung, in der Mediation, Konflikte verhandeln, und im Training mit geprägt.
Außerdem leite ich unser Seminar und Tagungshotel in Gmund am Tegernsee und bin im Vorstand der ComTeam AG.
1985 und 1993 war ich im Sabbatjahr, eine gute Zeit, um Abstand zu gewinnen und aufzutanken. Mit meiner Familie wohne ich in Holzkirchen

Ludovica Brachinger-Franke

Diplom-Pädagogin, Münchnerin durch Geburt seit 1953 und berufstätige Mutter aus Überzeugung.
Meine Ausbildung in verschiedenen Methoden der humanisitischen Psychologie, insbesondere in systemischer Familientherapie bilden die Basis für meine Arbeit. Als Beraterin begleite ich Unternehmen und Organisationen in komplexen Veränderungsprozessen, als Trainerin leite ich Seminare in unserer Weiterbildung und in firmenin-

ternen Veranstaltungen, als Coach berate ich Führungskräfte und Mitarbeiter aus den verschiedenen Bereichen.

Sowohl in der Begleitung der Veränderungsprozesse, als auch in Teamentwicklungen und Seminaren wende ich seit Anfang der 80er Jahre die Methoden und Techniken an, die in diesem Buch beschrieben sind. Wir haben über die Jahre vielfälige Erfahrungen gesammelt und permanent weiterentwickelt und verändert.

Seit 1997 bin ich Beraterin und Partnerin in der ComTeam AG. Ich lebe mit meinem Mann und meiner Tochter in Unterhaching.

Dank

An dieser Stelle möchten wir die gemeinsame langjährige und fruchtbare Entwicklungsarbeit im ComTeam anerkennen und würdigen, ohne die das Buch nicht möglich geworden wäre. Mit der Unruhe und Neugierde von Pionieren wurde die ModerationsMethode verfeinert, weiterentwickelt und mit anderen methodischen Ansätzen zum systemischen Prozessmanagement verbunden.
Wir bedanken uns für die von Anfang an tatkräftige Unterstützung unserer Kollegen. Sie haben ihre erprobten Abläufe zur Verfügung gestellt, ihre Erfahrungen beigesteuert, mit uns reflektiert, uns Feedback gegeben und immer wieder ermuntert. Das Kapitel über die Dokumentation der Ergebnisse hat unser Kollege Lorenz Forchhammer beigesteuert.
Besondere Hilfe bei der Endredaktion bekamen wir von unseren Kollegen Michael Roehrig und Martin Gros.

Ganz besonders erwähnen wollen wir unsere Freundin und Kollegin Dagmar Gottschall. Zusammen hatten wir die Ideen für dieses Buch entwickelt. Leider konnte sie es mit uns nicht beenden, da sie überraschend im März 2000 verstorben ist.